내 손으로
뚝딱뚝딱 예쁜
우리집
꾸미기

내손으로 뚝딱뚝딱 예쁜
우리집
꾸미기

지은이 윤여원
펴낸이 안용백
펴낸곳 (주)도서출판 넥서스

초판 1쇄 발행 2006년 3월 20일
초판 4쇄 발행 2008년 5월 20일
2판 1쇄 발행 2010년 1월 25일
2판 2쇄 발행 2010년 1월 30일

출판신고 1992년 4월 3일 제311-2002-2호
121-840 서울시 마포구 서교동 394-2
Tel (02)330-5500 Fax (02)330-5555
ISBN 978-89-6000-776-5 13590

저자와 출판사의 허락 없이 내용의 일부를
인용하거나 발췌하는 것을 금합니다.
저자와의 협의에 따라서 인지는 붙이지 않습니다.

가격은 뒤표지에 있습니다.
잘못 만들어진 책은 구입처에서 바꾸어 드립니다.

* 본 책은『작지만 실속 있게 예쁜 우리집 꾸미기』의 개정판입니다.

www.nexusbook.com
넥서스BOOKS는 (주)도서출판 넥서스의 실용 전문 브랜드입니다.

내 손으로 뚝딱뚝딱 예쁜 우리집 꾸미기

윤여원 지음

넥서스BOOKS

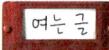

리폼이라는 것을 처음 알게 된 4년 전이 새삼스럽습니다. 그땐 무엇 하나 직접 만들 줄 몰랐는데… 어느덧 책까지 내게 되다니 거듭 생각해봐도 신기하기만 합니다. "어떤 계기로 집 꾸밈을 시작하셨나요?" 하고 주변 사람들이 물을 때마다 정신없이 보냈지만 소중했던 지난 기억들을 떠올려봅니다.

집 꾸미는 것에는 도통 관심이 없던 필자가 '인테리어'의 새로운 세계에 눈을 뜨게 된 것은 이사를 하면서였습니다. 당시 리모델링이 대유행이었고 집 곳곳이 낡아 있던 터라 자연스레 관심을 갖게 되었지요. 그러나 엄청난 비용에 대한 부담과 시간적인 여유없이 급히 이사를 해야만 했던 상황 속에서 선택의 여지가 없었습니다. 오래되어 색깔이 바랜 벽지와 가구를 둔 자리마다 노란 때가 덕지덕지 낀 바닥, 이 두 가지만 해결되어도 감지덕지라는 마음으로 최소의 비용만 들이기로 결정할 수밖에 없었지요.

하지만 벽지를 새로 바르고 바닥을 정리하는 것만으로는 꿈에 그리던 '내 집'에 대한 환상을 채워주기엔 부족했어요. 낡고 더러운 싱크대와 턱없이 부족한 수납공간, 새집 분위기에 맞지 않은 낡은 살림살이들은 어려운 숙제였지요. 그렇게 고민만 하면서 이삿짐조차 풀지 못한 채로 몇 주가 흘러갔습니다. 촌스러운 부엌 수납장 색깔만 바꿔도 소원이 없겠다고 생각하던 중에 시트지라는 것을 처음 알게 되었고, 시공 방법을 잘 알지 못한 상태에서 시도했는데도 예상 외로 결과가 좋았습니다. 자신감을 얻게 되자, 그 동안 다른 세상인양 담쌓고 지내왔던 '인테리어'라는 세계가 보

기보다는 손쉽고 가까이 있다는 것을 처음 깨닫게 되었습니다. 큰 공사를 하지 않고도 낡은 집을 새롭게, 더러운 곳을 깨끗하게 할 수 있다는 사실이 너무나 기뻤고 신났습니다.

하루는 가구점에 들러 구경을 하다 너무 마음에 드는 의자를 보았습니다. 가격을 보고 포기할 수밖에 없었지만 며칠을 그 의자 생각만으로 지내야 했습니다. 때마침 리폼하기 적합한 버려진 의자를 발견하고도 너무 낡아 집으로 옮기는 순간까지 사실 많이 망설였습니다. 그러나 먼지를 닦은 뒤 소독하고, 또 닦은 뒤 페인팅 하고, 얼마나 정성을 들였던지 그 과정에서 벌써 정이 들어버렸습니다. 이 의자를 리폼하고 나서 얼마나 뿌듯했는지 모릅니다. 제 눈엔 가구점에서 봤던 비싼 의자 못지않게 더 값지고 예쁜 의자였기 때문이지요. 더불어 원하는 것을 직접 이뤄냈다는 자신감과 내 손으로 만드는 기쁨을 깨달았습니다.

하지만 처음에는 지금과 달리 정보가 많지 않아 어려움이 많았습니다. '내 손으로 할 수 있는 인테리어'에 대한 자료도 잡지에 소개된 정도였고, 재료 구입도 용이하지 않아 정보를 모은다고 해도 직접 따라하기에는 불가능해보이는 것이 더 많았습니다. 여러 차례의 실패와 수없이 많은 시행착오를 겪으면서 그런 어려움들이 오히려 오기를 부르고 열정을 가져와 더 재미를 느꼈는지도 모르는 일입니다.

지금은 DIY 정보가 너무 많아 넘쳐나고 있는 실정입니다. 누구든 마음만 먹으

면 집을 직접 꾸밀 수 있습니다. 많은 사람들이 '집을 잘 꾸미기 위해서' 많은 비용이 든다고 생각합니다. 큰 공사를 한다든지 가구와 소품을 새로 사야 한다는 고정 관념 때문이지요. 그러나 꼭 많은 비용을 투자해서 구조를 변경하고, 값비싼 물건들로 채워넣어야만 멋진 인테리어가 완성되는 것은 아니라고 생각합니다. 열린 마음과 눈으로 우리 주변을 잘 살펴보면 의외로 멋진 보물들이 숨어 있습니다. 자칫 쓰레기나 볼품없는 잡동사니로 분류되어 버려지는 것들, 너무 흔해서 미처 눈여겨보지 않던 평범한 사물들, 동네 문구점에서 쉽게 구할 수 있는 재료들, 이 모두가 좋은 재료입니다. 꼭 원래 용도에 맞게 사용해야 한다는 편견도 버려야 합니다. 어떤 것이라도 인테리어의 재료가 될 수 있다는 확신을 갖고, 쉬운 것부터 시작해보세요. 실패를 두려워하지 말구요. 계속 시도하다 보면 어느새 집이 멋지게 바뀌어 있을 것입니다.

새로 다시 구입하는 대신 기존에 사용하고 있는 물건들을 리폼하고, 주변에서 쉽게 얻을 수 있는 재료를 이용해 필요한 물건들을 만들어 사용한다면 비용을 줄이는 것 외에도 개성만점의 인테리어 공간으로 될 수 있겠지요.

무엇보다 지금껏 필자가 겪었던 많은 시행착오를 통해 터득한 나름대로의 리폼과 인테리어 노하우를 많은 사람과 나누고 싶습니다. 집을 꾸미고 싶은데 방법을 모르는 분들에게 이 책이 조금이나마 도움이 되었으면 합니다.

윤여원

여는 글 | 손수 꾸며 더욱 소중한 나의 집 3

Part 1
DIY를 시작하기 전에

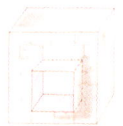

기본 공구 및 사용 방법 12 | 바느질 기초 상식 15
용도에 맞는 페인팅 방법 찾기 19 | 페인팅 관련 도구 20 | 원단 고르기 22
여러 가지 접착제 24 | 다양하게 활용할 수 있는 기본 노하우 26

Part 2 · Storage
집이 두 배로 넓어지는 알뜰살뜰 수납도구

다용도 수납상자 30 | 원형함 34 | 파일 박스 38 | 박스 트렁크 42
캐니스터 44 | 와인렉 46 | 컵 홀더 50 | 컨트리 철망 선반 52
가든 박스 54 | 패브릭 양철통 56

Part 3 · Wall Decorating
분위기를 확 바꾸는 벽 데코 아이디어

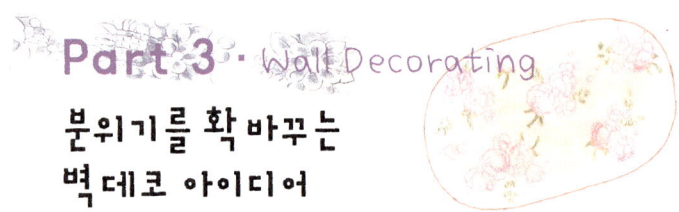

벽걸이형 옷걸이 60 | 메모보드 62 | 코르크 보드 선반 64
흑판 68 | 미니 클립보드 72 | 벽걸이형 촛대 76 | 프로방스 장식창문 80
몰딩선반 84 | 베란다 중문 86 | 벽난로 88

Part 4 · Fabric Goods
활용도 만점, 손수 만드는 패브릭 아이템

쿠션 94 | 담요 100 | 패브릭 옷걸이 102
다용도 주머니 106 | 러그 110 | 롤러식 수건걸이 114 | 양면 협탁 러너 118
냅킨 122 | 오리엔탈 등갓 126 | 향주머니 130

Part 5 · Home Decorating
사진 속에 나올 듯한 예쁜 집 꾸미기

화장대 거울 136 | 와이어 샹들리에 138 | 방문걸이 146
장식 사다리 150 | 장식 어닝 152 | 미니 액자 156 | 보석함 160
꽃 등 164 | 장식용 랜턴 166 | 화분꽂이 170

Part 6 · Fancy Furniture
혼자서도 할 수 있는 쉬운 가구 만들기

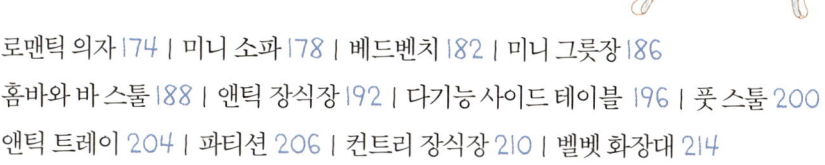

로맨틱 의자 174 | 미니 소파 178 | 베드벤치 182 | 미니 그릇장 186
홈바와 바 스툴 188 | 앤틱 장식장 192 | 다기능 사이드 테이블 196 | 풋 스툴 200
앤틱 트레이 204 | 파티션 206 | 컨트리 장식장 210 | 벨벳 화장대 214

Part 1
DIY를 시작하기 전에

막상 집안의 인테리어를 직접 바꿔보려고 해도 낯선 도구와 어려워 보이는 이름에 머뭇머뭇하게 됩니다. 하지만 기본 도구 하나만 장만해도 뭔가를 직접 만드는 일이 굉장히 손쉬워진답니다. 이 장에서는 어디서부터 어떻게 시작해야 할지, 처음 시작하는 이들이 궁금하기 쉬운 기본 도구와 재료들을 소개하고자 합니다. 만들고 싶은 아이템과 인테리어 스타일을 잘 생각해뒀다가 꼭 필요한 도구를 챙겨 보세요. DIY, 생각보다 훨씬 쉽고 즐겁게 시작할 수 있습니다.

기본 공구 및 사용 방법

1. 드릴 _드릴이란 목재나 금속 등에 구멍을 뚫는 공구를 말하지만, 대부분은 스크루드라이버 기능까지 갖추고 있기 때문에 나사를 박을 때에도 손쉽게 사용할 수 있다. 드릴의 종류는 많지만 크기와 방식에 따라 전기 코드에 연결해 사용하는 전기드릴과 충전해서 사용하는 충전드릴로 분류한다. 전기드릴은 크기가 크고 무거워 목재나 금속뿐만 아니라 콘크리트 벽에도 구멍을 뚫을 수 있지만, 초보자가 사용하기엔 무리일 수 있다. 반면, 상대적으로 힘이 약하지만 가볍고 핸디한 충전식 드릴은 목공 작업에 적합하고 초보자도 쉽게 배울 수 있다는 장점이 있다. 드릴을 구입할 때는 필요한 부속품이 함께 들어 있는지 확인하고, 없다면 별도로 구매하는 것을 잊지 말아야 한다. 크기가 다른 구멍을 뚫을 수 있는 비트날 세트를 함께 구매하면 더욱 편리하다.

- **나사 박기** 드릴 부속 장착 부분에 십자드라이버 비트가 있는지 확인한다. 힘 조절 레버를 돌려 원하는 숫자에 맞추고 나사를 정확한 위치에 조준한 상태에서 나무와 직각이 되도록 작동시켜 나사를 박는다.

- **구멍 뚫기** 드릴 앞쪽의 조임 부분을 돌려 열고 원래 있던 부속품을 빼낸다. 그 다음 원하는 구멍 크기의 비트날을 꽂고, 움직이지 않도록 조여준다. 힘 조절 레버를 '구멍 뚫기' 그림에 맞추고 방향을 선택한 후, 나무와 직각이 되도록 놓고 드릴을 작동시킨다. 구멍이 뚫려 비트날이 나무 속에 박혀 빼기 힘들 땐, 방향 레버를 반대로 작동시켜서 빼내면 쉽게 빼낼 수 있다.

2. 직소 _목공용 전동 톱. 가정용으로 나온 제품은 크기가 작고 핸디해서 초보자라도 사용 가능하다. 기종에 따라 다르지만 두꺼운 목재나 철재도 절단 가능하며 직선뿐만 아니라 곡선으로도 재단이 가능해서 DIY를 즐기는 사람에게는 매우 편리하다. 수동 톱보다 작업시간이 절약되고 복잡한 모양도 재단이 가능하다는 큰 장점이 있지만 가격이 높다는 것이 단점이다.

3. 쪽가위 _실이나 원단을 자를 때 사용하는 바느질용 가위. 일반 가위보다 작고 가위질이 쉽다. 가위 끝으로도 자를 수 있기 때문에 가위집을 내거나 단을 정리할 때 사용하면 편리하다.

4. 펜치와 니퍼 _각종 와이어 종류(공예용 와이어, 철사, 세탁소 옷걸이 등) 절단 시에 유용하게 사용할 수 있는 도구다.

5. **장갑** _톱이나 직소 등의 도구나 페인팅을 할 때 사용한다.

6. **곡선용 칼** _미니어처를 제작하거나 곡선을 자를 때 사용하는 작은 조각칼은 레터링을 위한 글자를 파내기에 안성맞춤이다. 연필처럼 가느다란 봉에 날씬한 칼이 달린 형태이며, 사용이 간편하다.

7. **톱날 커터** _사무용 커터처럼 생겼으나 칼날이 톱니 모양이다. 다루기가 간편하여 두루 사용되며 특히 우레탄 재질의 몰딩이나 합판처럼 얇은 목재를 재단할 때 유용하다.

8. **커터** _종이를 자를 때 주로 사용되는 사무용 칼이다. 하드보드 재단 시 필요하다.

9. **다용도 매직 톱** _소형 수동 톱. 간편하고 목재 및 가벼운 철재, 유리, 타일까지 절단할 수 있어서 흔히 '요술 톱'이라 불리운다. 대형 목재 재단은 어렵지만 작은 소품을 만드는 경우나 초보자에겐 더없이 유용한 절단 기구이다. 대형화방이나 마트, 철물점에서 구입 가능하다.

10. **송곳** _뾰족한 끝으로 목재나 철재 면에 작은 구멍을 뚫을 때 사용한다.

11. **끌** _목재에 홈을 팔 때에 사용하는 도구이다. 폭이 다양하므로 원하는 폭의 끌을 선택하여 구입하면 된다. 끌의 날을 나무에 댄 채로 손잡이 뒷면에 망치로 두들겨 사용한다.

바느질 기초 상식

손바느질의 기본 요령

- **홈질** 가장 기본적인 바느질 방법으로 초보자도 쉽게 따라할 수 있다. 간편하게 원단을 박거나 주름을 만들 때 주로 사용한다.
- **박음질** 아주 튼튼하게 꿰맬 때 필요한 바느질 방법이다.
- **시침질** 원단을 임시로 고정할 때 주로 이용한다. 시침질을 먼저 하고 나서 홈질이나 박음질을 하기 전에 원단이 풀리지 않도록 시침질을 하고, 다 완성이 되면 풀어낸다.
- **감침질** 바늘땀이 보이지 않게 하는 방법으로, 원단을 겉에서 연결하거나 창구멍을 막을 때 주로 쓰인다.

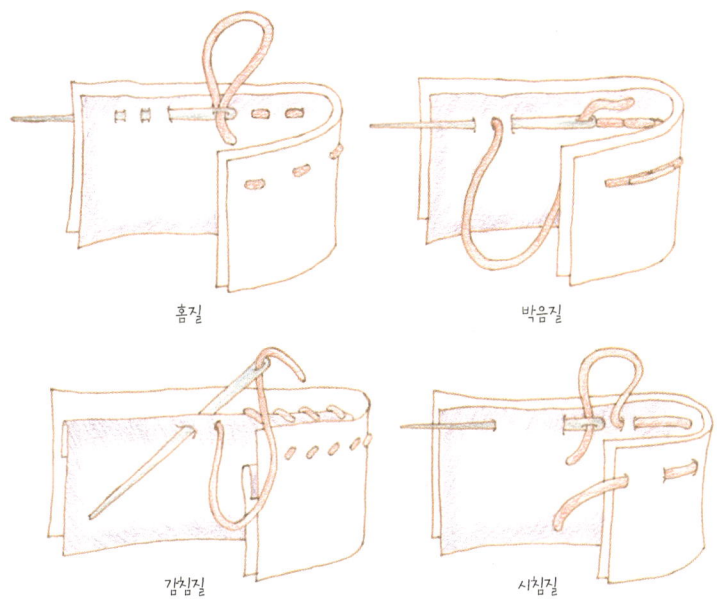

홈질　　　　　　　　　박음질

감침질　　　　　　　　시침질

재봉틀 사용방법

- **직선박기** 가장 일반적인 바느질 방법으로 직선을 박을 때 사용된다. 노루발 사이에 원단을 끼워 놓고 노루발을 내린 상태에서 한 손으로는 노루발 뒤쪽의 원단을, 다른 손으로는 노루발 앞쪽의 원단을 잡고 패달을 밟아 직선으로 똑바로 박는다.
- **곡선박기** 직선박기와 같은 원리로 움직이되, 원단을 조금씩 움직여가며 곡선을 그리도록 한다. 곡선이 심한 부분은 바늘땀을 작게 하여 패달을 천천히 밟는 것이 요령이다. 군데군데 잠시 멈췄다가 곡선의 모양을 확인하면서 박으면 쉽다. 갑자기 꺾이는 부분은 바늘을 원단에 꽂은 채로 노루발만 들어올려 원단을 틀어 방향을 바꿔준 후 계속해서 박으면 된다.

기본 부재료 만들기

- **파이핑 만들기** 파이핑이란 쿠션 등의 모서리 부분에 둘러진 가장자리로서, 원단 안에 끈을 넣어 만든다. 시중에서 이미 만들어진 파이핑을 구할 수 있긴 하지만, 제 원단으로 파이핑을 만들려면 파이핑 끈을 구입해서 따로 만들어야 한다. 원단을 원하는 폭으로 길게 재단한 다음, 파이핑 끈을 넣고 반으로 접어 시침질하거나 재봉틀로 박는다.

- **바이어스 테이프 만들기** 바이어스 테이프란 주로 끝단을 정리할 때 사용하는 테이프를 말한다. 원단을 재단할 때는 대각선 방향으로 해야만 신축성이 뛰어나고, 직선뿐만 아니라 곡선 부분에 달아도 울지 않아 편리하게 이용할 수 있다.

- **싸개 단추 만들기** 싸개 단추란 원단으로 된 단추를 말한다. 주로 소파나 등받이 쿠션을 만들 때나 제천으로 된 단추 여러 개를 박아야 할 때 사용한다. 동대문 종합상가에서 원하는 원단으로 싸개 단추를 만들어주기도 하지만, 집에서도 쉬운 아이디어로 만들 수 있다. 10원짜리 동전이나 기존의 단추, 혹은 싸개 단추 전용 단추를 준비한 뒤, 원단을 단추(혹은 동전) 지름의 2배로 재단하여 가장자리에 홈질을 촘촘하게 해놓는다. 그 다음 단추를 집어넣고 홈질한 실을 잡아당겨 원단을 오므려준다.

용도에 맞는 페인팅 방법 찾기

1. 코팅이 되어 있다
코팅된 나무는 페인트가 안 먹으므로 코팅 면을 벗기거나 젯소 과정을 2~3번 거쳐 건조시킨 후 페인팅을 해야 한다. 예를 들어 락카나 니스로 코팅된 경우는 사포질을 하여 벗겨낼 수 있고, 벗겨내기 어렵거나 사포질이 번거로운 경우(몰딩의 굴곡 등)는 젯소로 대신한다. 시트지로 코팅된 것은 시트지를 벗겨내면 된다.

2. 나뭇결이 거칠다
너무 거칠어서 나뭇결이 일어나 있는 경우는 사포질이 필수다. DIY용으로는 180사포 정도가 적당하다.

3. 깨끗한 원목이다
표면이 고르고 밝은 색의 원목이라면 사포질이나 젯소 과정이 필요 없이 바로 페인팅을 한다.

4. 나뭇결이 살아있어 무늬를 살리고 싶다
화이트 워시된 가구처럼 연한 페인팅을 하여 나무 무늬가 그대로 보이게 하고 싶다면 수성페인트(홈스타 파스텔 OK 추천)를 사용한다. 물을 섞어 흐르지 않을 정도의 농도로 만든 뒤, 붓으로 얇게 터치하거나 물을 섞지 않은 상태에서 물에 적셔 꾹 짠 스펀지로 두들겨 바른다.

5. 나무 무늬가 보이지 않게 두껍게 칠하고 싶다
젯소 과정을 2~3번 거쳐 건조시킨 뒤, 페인팅도 2~3번 얇게 여러 번 칠한다.

6. 컨트리 소품을 만들려고 한다
컨트리 소품은 낡은 듯 모서리가 조금씩 벗겨진 것이 특징이다. 이럴 때는 모서리 부분에 미리 다른 색 페인트(또는 물감)를 칠한 뒤, 본 페인트를 전체적으로 바르고 나서 모서리 부분만 사포질을 하여 먼저 칠해둔 색깔이 보이도록 한다. 사포로 너무 많이 문지르게 되면 처음에 칠해둔 색깔까지 벗겨질 수 있다는 것만 주의하면 된다.

7. 표면이 철재이다
철재에는 락카가 제격이다. 하지만 철망이라면 아크릴 물감이나 젯소와 페인트를 권한다.

8. 표면이 플라스틱이다
플라스틱 소재는 페인트가 안 먹으므로 아크릴 물감을 사용한다.

페인팅 관련 도구

분사식 락카 건조 시간이 매우 빠르고 붓 등 여타의 준비물 없이도 간편하게 페인팅을 할 수 있다. 또한 사용법만 잘 지키면 초보자도 숙련자 못지않게 깨끗한 도색을 할 수가 있다. 페인팅 후에도 내구성이 강해 물 걸레질이 가능하며 색이 쉽게 변하지 않고, 적은 양을 구매할 수 있으므로 면적이 좁은 가구와 소품에 적절히 활용하면 좋다. 페인팅을 할 때는 락카를 충분히 흔든 다음, 도포할 면에서 20~30센티 떨어진 곳에서 분사를 한다. 한곳을 집중적으로 분사하기보다는 얇게 여러 번 뿌려야 깨끗하게 완성된다. 얇게 한 번 뿌리고, 5~10분 정도 후에 다시 한 번 뿌리는 식으로 여러 번 반복하는 것이 핵심요령. 필요에 따라서는 투명 락카로 한 번 더 코팅해줄 수도 있다.

젯소 페인팅 하기 전에 바르는 보조제를 말하며, 페인트가 먹지 않는 질감에도 페인트가 잘 먹도록 도와주는 역할을 한다. 사포질이 어려운 경우나 코팅이 되어 있어 페인트가 잘 먹지 않을 때 필수적이다. 페인팅 할 면에 골고루 얇게 한 번 바르고, 건조 후에 여러 번 덧발라준다.

페인트 가구에 칠하는 용도라면 냄새가 적은 수성 페인트를 권장하며, 요즘에는 DIY용 페인트를 판매하기도 하므로 적은 양이 필요한 소품에는 이를 활용하면 좋다. 전문적인 도색이 요구되는 경우라면 붓, 롤러, 트레이, 스펀지 등을 준비해야 한다. 나무젓가락 등으로 색이 섞이도록 페인트를 저은 후 트레이에 원하는 만큼의 페인트를 붓고 페인트 전용 붓(혹은 롤러)을 충분히 적신다. 넓은 면은 롤러로, 틈새와 곡선은 붓을 이용해 칠하고, 완전히 건조된 후에 페인트 전용 마감재를 발라서 표면을 보호한다.

아크릴 물감 독한 냄새가 없고 건조시간이 매우 빠르며 인체에 거의 해가 없다. 그만큼 실내에서도 작업이 가능하고 초보자도 다루기가 쉽다는 장점이 있다. 또한 코팅된 면에도 색이 잘 먹기 때문에 번거로운 사포질이나 젯소를 생략할 수 있어 간편하게 이용할 수 있고, 색 조합이 자유로워 원하는 색을 만들기 쉽다. 그러나 양에 비해 가격이 높고 붓 자국이 남을 수 있으며, 코팅 처리를 해주지 않으면 경우에 따라 벗겨질 우려가 있다. 아크릴 물감은 물을 얼마나 섞어 사용하느냐에 따라서 느낌이 달라진다. 컨트리 느낌으로 나뭇결을 살려 페인팅하기를 원한다면 물을 거의 섞지 않은 채 투박하게 칠하고, 빈틈없이 페인팅 할 곳에는 물기가 적당히 묻어나도록 섞어 여러 번 두껍게 칠하면 된다. 완전히 마르면 마감재(바니쉬 또는 투명 락카)를 발라 표면을 보호해주도록 하고, 광택이 필요한 곳에는 광택제를 사용한다.

사포 목재 면이 매끄럽지 않거나 코팅이 되어 있어 페인트칠이 어려운 경우에는 사포질로 목재를 다듬어줘야 한다. 때로는 페인팅을 한 후에 거친 느낌을 표현하기 위해서 사포질을 하기도 하는데, 이럴 때는 페인팅 마감 후에 모서리 부분을 군데군데 살짝 긁어서 칠을 벗겨내면 된다.

원단 고르기

원단은 종류가 너무 다양해서 막상 고르려면 고민스럽다. 원단의 종류와 용도를 알면 적절한 원단을 선택하기가 수월할 것이다. 의자 리폼이나 커버를 위해서는 너무 얇은 재질보다 두께감이 있는 옥스포드 면이나 캔버스 등의 힘 있는 원단이 적당하고, 그 밖의 커튼, 쿠션, 침구 및 소품 제작에는 얇은 원단이라도 상관없다. 보통 원단의 두께는 실의 굵기로 표시하는데(예: 20수, 30수, 40수 등) 숫자가 낮을수록 두꺼운 원단이다.

펠트지 털을 압축시켜 만든 원단. 올이 풀리지 않아 시접이 필요 없고, 원하는 모양으로 잘라 사용.

엠보싱 타올지 올록볼록 엠보싱 무늬가 있는 수건 원단.

타올지 수건 원단. 흡수력이 좋아서 수건류나 의류 등을 만들 때 적합하다.

면(30수) 너무 두껍거나 얇지 않은 중간 두께의 원단. 침구류나 커버류 등 어떤 종류에도 사용 가능.

골지면 골이 파인 형태의 면 원단. 두툼해서 각종 커버나 발매트 제작에 이용 가능.

코듀로이 코르덴이라고도 불리며, 결이 고와 고급스러워 보인다. 각종 커버나 의류, 소품에 활용된다.

특면(40수) 두께가 얇아 힘이 없고 부드러운 것이 특징. 침구나 각종 소품, 퀼트에 적합하다.

옥스포드(20수) 두툼하고 힘이 있어 각종 커버나 커튼, 침구류, 벽 패브릭에 두루 사용.

퀼트솜 퀼트용으로 나온 압축솜. 원단처럼 납작하고 밀도가 높아 원하는 크기로 잘라 사용할 수 있다.

니트 원단 뜨개질을 한 것처럼 성글게 짜여진 원단으로, 신축성이 있는 것이 특징이다.

망사 레이스 얇고 비치는 원단. 로맨틱한 분위기의 소품 제작에 이용.

마 원단 리넨 또는 삼베라고도 부른다. 여러 종류가 있지만 결이 거칠고 염색되지 않은 마 원단은 빈티지 느낌에 적당.

옥스포드 슬럽(20수) 원단 자체에 가는 줄 무늬가 들어간 형태 원단.

벨벳 비로드 또는 우단이라고도 함. 짧고 가는 털이 나 있어서 촉감이 부드럽다. 두께와 재질이 다양하므로 선택.

캔버스(10수) 면사 중에 가장 두꺼운 실로 짠 원단. 빳빳하고 구김이 잘 가지 않아 소파 커버 등에 적당.

스웨이드 원래는 가죽 안쪽의 부드러운 부분을 지칭했지만, 최근에는 같은 느낌을 살린 원단을 두루 지칭한다.

공단 원래는 두툼한 비단을 말하지만, 비단 느낌을 낸 인조 원단을 두루 말한다. 광택이 나며 부드럽다.

여러 가지 접착제

글루건 직물, 목재, 종이 등 여러 가지 재료들을 접착할 때 쓰인다. 심을 넣은 다음 총을 쏘듯 누르기만 하면 되므로 누구나 편하게 사용할 수 있다.

분사식 접착제 스프레이 타입의 접착제는 최근 DIY가 유행하면서 두루두루 요긴하게 쓰이는 재료이다. 접착성이 강하므로 바닥에 묻지 않도록 신문지를 까는 것은 기본이고 냄새가 있으므로 환기를 해야 한다. 붙일 곳에 고루 뿌리고 10초 정도가 지나면 접착성이 생긴다. 이때 조심스럽게 붙이되 울거나 엉뚱한 곳에 달라붙지 않도록 주의해야 한다. 용도에 따라 임시 고정용과 강력 고정용이 있으며, 화방에서 구입할 수 있다.

고체풀 문구점에서 흔히 볼 수 있는 일명 '딱풀'이라 불리는 고체풀은 직물을 붙이는데 좋은 접착제이다.

양면테이프와 절연테이프 양면테이프는 종이나 원단을 붙일 때 적절히 사용할 수 있는 접착 도구다. 시중에는 강력 양면테이프가 판매되고 있으므로 이를 활용하도록 하자. 절연테이프는 전기선을 다룰 때 꼭 필요한 도구로, 전기가 흐르는 것을 막아 주면서 전기선을 연결할 수 있다.

타커 타커란 대형 스테이플러와 같은 도구이다. 스테이플러처럼 심을 넣어 박아주는 형태로 목재를 간편하고 빠르게 고정할 수가 있다. 타커 종류와 심의 두께에 따라 단단하게 고정되는 편이기는 하지만 대형 목재일 경우에는 타커만으로는 약할 수가 있으니 주의한다. 타커를 사용할 때는 우선 타커를 열고 기종에 맞는 전용 심을 넣는다. 그 다음은 스테이플러를 이용할 때와 마찬가지로, 타커를 박을 곳에 갖다대고 머리를 누르면 끝. '탁' 소리가 나면서 심이 박히면 정상이다. 목공용 본드와 함께 사용하면 더욱 좋으며, 익숙해지면 한 손으로도 박을 수 있게 된다.

목공본드 나무뿐만 아니라 직물이나 두꺼운 종이를 단단하게 고정시킬 때 사용된다. 굳는 시간이 있으므로 어느 정도 고정될 때까지 모양을 잡아줘야 한다. 냄새가 없고 물에 잘 씻기므로 본드보다 간편하다.

강력접착제 와이어 고정 시 꼭 필요하지만, 접착력이 강하므로 피부에 닿지 않도록 각별히 주의해야 한다.

다양하게 활용할 수 있는 기본 노하우

1. 손잡이 달기

손잡이는 나사 박는 방식에 따라 '앞에서 박는 타입'과 '뒤에서 박는 타입'으로 나뉜다. 앞에서 박는 타입은 손잡이를 달았을 때 나사가 보이고 뒤에서 박는 타입은 나사가 보이지 않는 것이 특징이다. 어떤 경우든지 간에 나무의 두께를 재어 알맞은 나사 길이를 확인한 뒤, 손잡이 파는 가게에 나무 두께를 말하면 알아서 맞는 나사를 준다. 손잡이를 달 때는 손잡이 박을 위치를 표시해두고, 드릴로 나사 구멍을 뚫은 다음, 손잡이를 대고 구멍에 나사를 끼워 고정시킨다.

2. 벽걸이용 고리 달기

액자나 선반을 만들 때는 벽에 걸 수 있는 고리를 달아줘야 한다. 액자나 선반 뒷면에 고리를 박을 곳을 표시해두고 드릴로 나사를 튼튼하게 박아준다.

3. 철망 달기

최근 컨트리풍 소품을 만들 때 많이 사용되는 것이 철망이다. 철망도 생김새와 재질에 따라 다양한 종류가 있으니 용도에 맞는 적당한 것을 고른다. 철망을 재단할 때는, 펜치나 니퍼, 철망용 가위를 사용하면 되는데, 자칫 철망의 꼬임이 풀려버릴 수 있으므로 주의하도록 하자. 철망을 달아야 할 나무의 두께가 두꺼운 편이라면 타커를 이용해서 달아주는 것이 튼튼하고, 얇은 합판이라면 타커 대신 글루건으로만 달아줘야 겉에 타커 자국이 남지 않는다. 타커를 이용해 박을 때는 타커가 철망 살을 확실히 집어주도록 잘 조준해서 박는 것이 중요하다. 글루건이나 본드를 이용하여 로프나 레이스 트림을 타커 박은 주변에 붙이면 깔끔하게 마무리할 수 있다.

4. 레터링하기

레터링이란 글씨를 새겨 넣는 것을 말한다. 문구점에서 파는 스티커를 그대로 붙이는 방법이 제일 간단하지만 원하는 글씨체와 크기를 찾기가 쉽지 않다는 단점이 있다. 그럴 때는 원하는 글씨체를 프린터로 출력하여 글씨를 칼로 파서 틀을 만든 후, 아크릴 물감으로 틀 안을 메워 글씨를 새기는 방법도 있다. 이것이 바로 스텐실 기법인데, 스텐실을 이용하여 레터링을 하고 나면 투명 락카로 한 번 뿌려 글씨를 보호하는 것이 좋다. 또한 아예 투명 라벨지 위에 글씨를 출력하여 스티커처럼 통째로 붙이는 방법도 있는데, 이것은 물에 잘 번지는 단점이 있으므로, 습기에 강한 투명 시트지로 코팅해줘야 한다.

5. 와이어 다루기

와이어란 '아티스틱 와이어' 또는 '아트 와이어'라고 불리는 공예용 와이어를 말한다. 재질과 가공법, 굵기에 따라 여러 종류가 있어 용도에 맞는 것을 선택하면 된다. 틀을 만들 때 주로 쓰이는 프레임용 와이어는 단단하고 잘 휘지 않아 튼튼하지만 곡선을 예쁘게 만들기가 어렵다. 반면, 모양을 자유자재로 만들 수 있는 칼라 와이어는 상대적으로 잘 휘기 때문에 떨어뜨리거나 충격을 가하면 변형되기 쉬우므로 주의해야 한다. 이런 특징들을 감안하여 원하는 굵기의 와이어를 선택하도록 하자.

- **재단하기** 와이어를 재단할 때는 정확한 치수가 요구되므로 돌돌 말려진 와이어를 곧게 펴서 자로 길이를 잰 다음 재단한다. 절단은 전용 절단 공구나 펜치 혹은 니퍼로 해준다. 절단공구의 날과 절단할 곳이 정확하게 일치하도록 한다.
- **구부리기** 와이어 전용 집게를 이용하여 구부리면 와이어의 코팅 면이 벗겨지지 않고 정확하게 구부릴 수 있어 좋다. 우선 구부릴 곳을 확인하고 구부리고자 하는 길이보다 약 5밀리터 정도 여유를 둔 부분을 집게로 잡아 구부린다. 둥근 곡선을 만들 때에는 원형으로 생긴 봉에 감아 모양을 만든다. 봉이 없으면 랩 심이나 둥근 막대 등 아무거나 이용해도 상관없다.
- **연결하기** 와이어끼리 연결할 때는 굵기가 얇은 와이어를 이용한다. 얇은 와이어를 적당한 길이로 잘라 가운데 부분을 한 번 꺾어 양쪽 옆을 감아나간다. 마지막 부분은 집게를 이용해 꽉 잡아당겨 감아주고 감은 곳을 집게로 꽉 눌러준다.
- **접착처리** 얇은 와이어로 연결해놓은 곳은 반드시 접착제 처리를 해줘야 튼튼하다. 바닥에 신문지를 충분히 깔아준 후, 접착하고자 하는 곳이 바닥에 닿지 않도록 연필이나 볼펜을 놓아 붕 뜨게 한 다음, 그 상태에서 접착제를 몇 방울 떨어뜨린다. 완전히 건조될 때까지 기다렸다가 다음 순서로 넘어간다.

Part 2
Storage

집이 두 배로 넓어지는 알뜰살뜰 수납도구

치워도 치워도 끝이 나지 않는 게 바로 집안살림이지요. 어느 새 하나둘씩 늘어난 살림살이때문에 더 좁아 보이는 집. 이럴땐 용도에 딱맞는 수납도구를 만들어보는 게 어떨까요. 컵만 해도 홀더에 걸거나 선반에 올려 보관할 수 있고, 자질구레한 물건을 담아두는 수납상자들도 예쁘게 만들면 장롱 위에 쌓아둘 필요가 없지요. 각종 수납상자에서부터 선반까지, 용도에 딱 맞는 수납도구를 자신만의 스타일로 만들면 집 분위기도 바꾸고 그때그때 편리하게 이용할 수 있답니다.

다용도 수납상자

모던하면서도 잘 정리된 느낌을 주는 라벨달린 수납함. 자질구레한 살림을 감춰주면서 박스 안에 무엇이 들어있는지 한눈에 알아볼 수 있어 편리한 수납을 할 수가 있다. 그렇지만 기성품 가격이 마땅하지 않아 구입이 꺼려진다면 직접 만들어보는 것은 어떨까. 빈 박스와 손잡이 가게에서 쉽게 구할 수 있는 라벨 홀더를 이용하면 누구나 손쉽게 만들 수 있다.

재료 두꺼운 종이 상자, 시트지, 리본 테이프, 라벨 홀더, 서류용 브레드, 송곳, 가위

아이템 도면

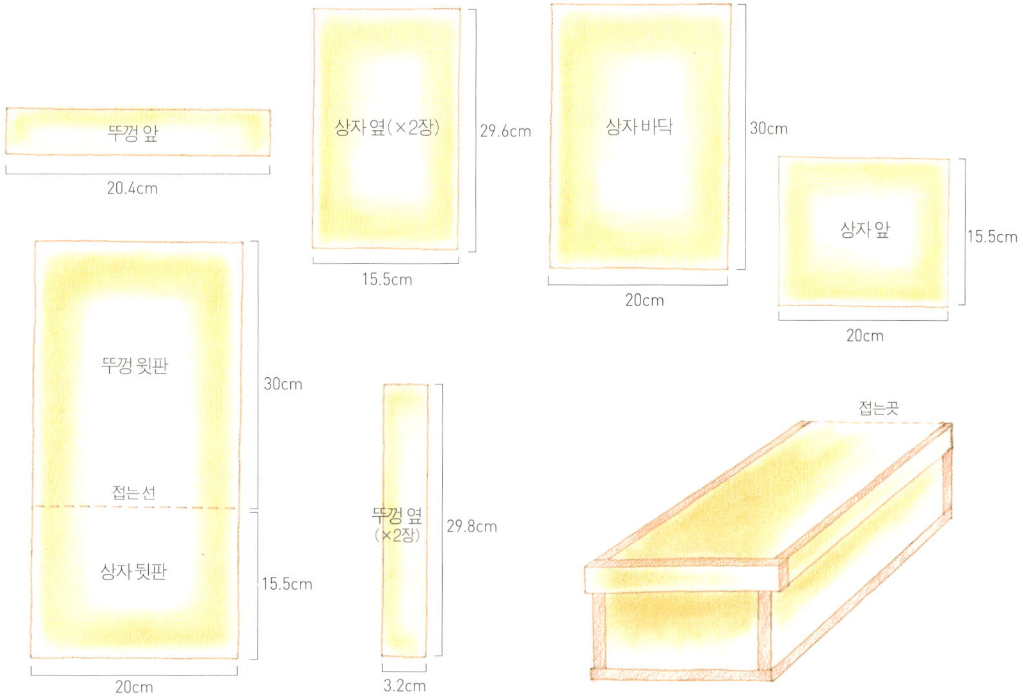

- 뚜껑 앞 20.4cm
- 상자 옆(×2장) 29.6cm, 15.5cm
- 상자 바닥 30cm, 20cm
- 상자 앞 15.5cm, 20cm
- 뚜껑 윗판 / 접는선 / 상자 뒷판 30cm (15.5cm), 20cm
- 뚜껑 옆(×2장) 29.8cm, 3.2cm
- 접는곳

만드는 방법

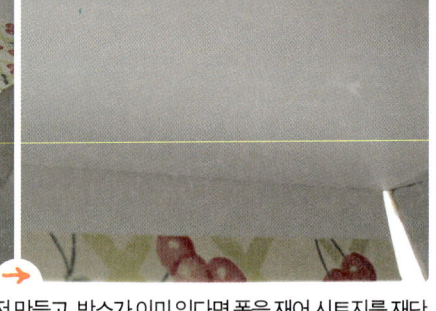

박스가 없다면 앞장의 그림을 참고하여 박스를 먼저 만들고, 박스가 이미 있다면 폭을 재어 시트지를 재단(시트지는 박스 폭+4cm로 재단)한다. 시트지의 뒷면 종이를 벗기기 전, 시트지를 대어보고 박스의 모서리 부분과 시트지의 무늬가 비뚤어지지 않는지 잘 확인한 다음, 뚜껑이 될 부분에 시트지를 붙인다. 가장자리 부분의 시접은 박스 안쪽으로 접어 넣어 붙인다.

박스의 아랫부분에도 마찬가지로 시트지를 붙인다. 시트지의 종이를 한 귀퉁이 벗겨내고 박스에 붙인 후, 조금씩 벗겨나가면서 손으로 시트지를 밀착시켜 울지 않도록 한다. 시접 부분은 접어 붙여주되, 꼭지점 부분은 가위로 잘라줘야 한다.

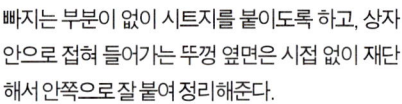

빠지는 부분이 없이 시트지를 붙이도록 하고, 상자 안으로 접혀 들어가는 뚜껑 옆면은 시접 없이 재단해서 안쪽으로 잘 붙여 정리해준다.

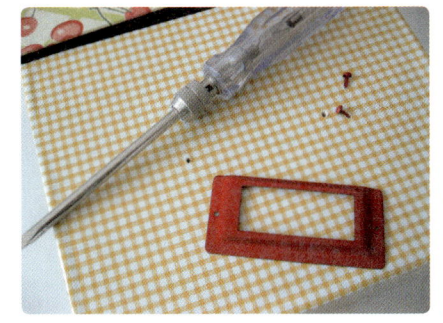

4 라벨 홀더를 고정할 위치를 표시해둔다. 이때, 라벨 홀더를 다른 색상으로 하고 싶으면 색깔 있는 락카로 칠해두면 된다. 송곳으로 표시해둔 구멍 위치를 뚫고 서류용 브레드를 이용해 홀더를 고정시킨다.

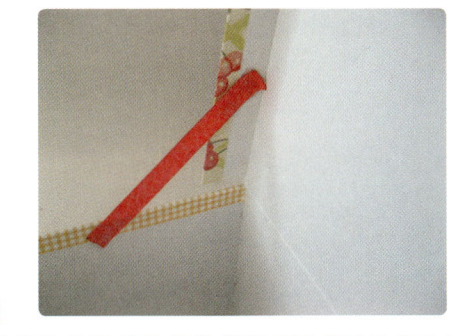

5 리본을 양쪽 옆면에 붙여서 뚜껑 부분이 떨어지지 않도록 고정시킨다.

Tip Box 마땅한 박스가 없다면 하드보드지로 직접 만들어보는 것은 어떨까. 하드보드지를 앞장의 그림과 같이 재단하여 목공 본드로 붙인다. 목공 본드가 완전히 건조되기까지 시간이 걸리므로 그 전에 건드리지 않도록 주의한다. 꼭 똑같은 사이즈가 아니더라도 참고해서 용도에 알맞는 상자를 만들어보자. 또 하나, 서류용 브레드란 종이를 고정할 때 사용하는 핀을 말하는데, 양쪽 날을 벌려 사용한다. 대형 화방이나 문구점에서 구입할 수 있다.

원형함

잡지나 쇼룸에서 클래식한 무늬로 포장되어 층층 쌓아놓은 원형 박스들을 보면 너무나 멋스럽다. 그러나 대부분이 수입 제품인 이런 박스들의 문제는 바로 가격. 손쉽게 구할 수 있는 물건으로 리폼해보면 어떨까. 선물 박스는 재질이 두꺼워 한번 쓰고 버리기에는 아까운 아이템이므로, 이를 잘 활용해보자.

재료 원형 선물 상자, 원단, 고체풀, 쪽가위, 양면테이프, 리본, 라이터

만드는 방법

원단을 원형 뚜껑보다 1센티미터 여유 있게 재단하여 고체풀로 붙인다. 남긴 시접에 가위집을 넣는다. 일반 가위보다 쪽가위를 사용하면 훨씬 쉽다.

뚜껑 옆면에 풀을 바르고 가위집을 접어 꼼꼼하게 붙인다.

만드는 방법

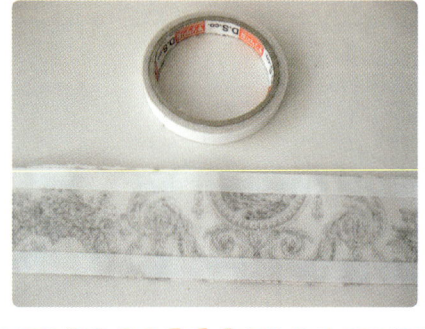

3 옆면에 붙일 원단을 재단하여 양쪽 끝단에 양면테이프를 붙여놓는다.

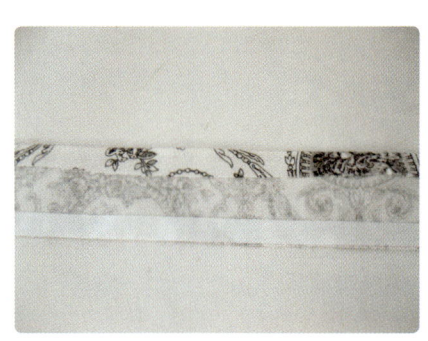

4 한쪽은 양면테이프의 종이를 벗겨 시접을 접어 정리하고 다른 한쪽 끝은 종이를 벗겨내지 않은 상태로 둔다.

 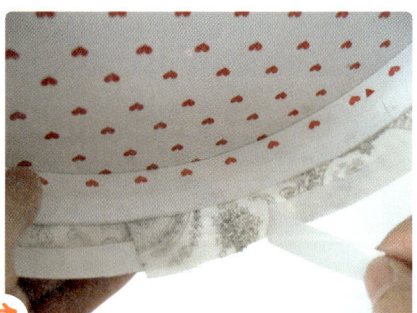

5 뚜껑 옆면에 고체풀을 골고루 뭉치지 않게 발라준 다음, 4를 조심스럽게 잘 맞춰 붙인다. 이때 접어놓았던 부분이 뚜껑 위쪽(가위집을 붙여놓은 쪽)으로 오도록 하고 접지 않은 쪽은 뚜껑 안쪽으로 접어준다. 양면테이프의 종이를 벗겨가며 원단이 울지 않도록 잘 붙여야 한다.

6 상자 몸체도 같은 방법으로 붙인다.

7 상자에 뚜껑을 덮은 채로, 뚜껑 바로 밑 부분에 리본을 끼울 곳을 표시하여 칼로 뚫는다.

8 리본을 끼워 안쪽에 글루건으로 리본을 고정시킨다. 박스 안쪽의 원단 붙인 곳에도 리본을 둘러주면 깔끔하게 마무리할 수 있다. 뚜껑을 덮고 리본을 위로 묶어주면 완성된다.

Tip Box 붙이고자 하는 원단이 상하 구별이 있는 무늬라면 양면테이프 붙일 때 무늬의 방향을 잘 고려하여야 한다. 뚜껑과 몸판은 양면테이프 붙이는 방향이 서로 반대이므로 특히 주의하도록 한다.

파일박스

사진 속에서나 나올 법한 로맨틱한 박스들. 의외로 이런 박스들은 흔한 재료로 만들 수가 있다. 특히 철 지난 어학교재 박스들은 커버가 단단하여 리폼하기 좋은 재료이다. 이런 박스들을 버리지 말고 예쁜 원단으로 커버하여 사용하도록 하자. 리본을 달아 묶어서 사용하면 뚜껑이 열리는 것도 방지하고 장식효과도 있어서 좋다.

재료 어학 교재용 박스, 원단, 도화지, 리본, 고체풀, 글루건, 양면테이프, 가위, 라이터, 긴 자

아이템 도면

파일 박스 안에 들어가는 도화지는 아래 그림과 같은 모양이 될 수 있도록 오려 접는다. 도화지의 치수는 어학 교재 박스보다 약 2~3mm 정도 작게 재단하면 된다.

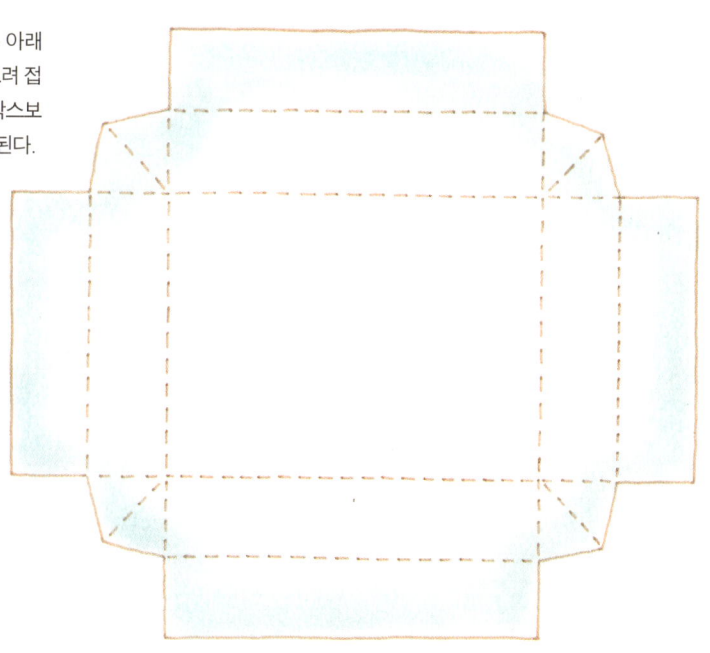

박스 안쪽에 붙일 종이 도면

만드는 방법

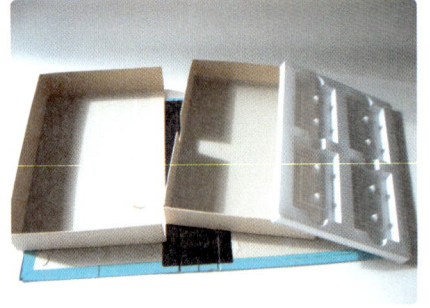

1. 어학 교재용 박스를 분해한다. 테이프가 들어있던 플라스틱 부분은 떼어버린다.

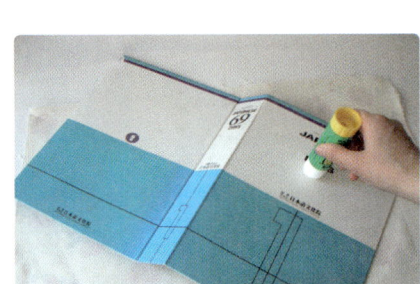 

2. 원단을 재단해서 고체풀을 잘 바른 다음, 겉표지를 책 싸듯이 포장한다. 겉표지 안쪽까지 약간 감싸야 하므로 원단은 여유 있게 재단하는 것이 좋다.

3. 안쪽 박스의 옆면을 감쌀 원단을 재단한다. 시접은 아래 위, 각각 1센티미터씩 남겨주면 되고 옆면도 시접을 남겨 재단한 다음, 감싸서 붙인다.

안쪽에 붙일 얇은 종이 상자를 만들기 위해 도안과 같이 도화지에 도면을 그려서 오려낸 다음, 약간 여유 있게 재단한 원단을 도화지에 붙인다. 도화지는 접었을 때 사진과 같은 모양이 나와야 한다.

리본을 준비한 다음, 끝을 라이터로 올이 풀리지 않게 처리한다. 리본을 붙일 위치를 표시하고 상자 안쪽에 글루건을 이용해 단단하게 붙인다.

4에서 만든 도화지에 고체풀을 발라 3의 박스 안쪽에 붙인다. 완성된 박스를 겉표지에 단단하게 고정하고 (글루건 사용) 박스 옆면 끝에 붙여둔 리본은 글루건으로 겉표지에 고정한다.

Tip Box 박스 원래 커버의 무늬가 진할 경우, 원단은 비치지 않는 것을 선택해야 한다. 두께가 있는 캔버스 원단이나 옥스포드 원단, 벨벳도 가능하다. 단, 이러한 원단들은 두꺼워서 박스 안쪽까지 커버하기엔 무리가 되므로 안쪽은 얇은 원단을 사용해야 한다. 서로 어울리는 무늬를 선택하면 오히려 단조롭지 않고 멋스럽다.

박스 트렁크

어느 집에나 하나쯤 있을 대형 수납 박스는 튼튼하고 실용적이지만 너무 투박하다. 수납 기능은 그대로 살리면서 겉모습만 감각적으로 변신시켜보자. 이렇게 변신한 트렁크를 손님 대접을 위한 간단한 다과상으로 혹은 거실 한 켠을 분위기 있게 바꿔주는 소품으로 활용해보자.

재료 수납용 조립식 대형 종이 박스, 시트지 약 3~4m, 벨트고리 2개, 끈(또는 낡은 벨트), 금속 색상 락카(또는 물감), 가위, 커터, 글루건

만드는 방법

 대형 박스의 고정 나사들을 풀어 납작하게 분해시킨 다음, 나사를 금색이나 은색으로 페인팅 한다.

2 시트지를 펴 바르고 남는 부분은 오려낸다.

 박스를 다시 조립하되 뚜껑 부분은 몸체에 연결하여 고정시킨다.

 가죽 끈이나 벨트를 양쪽에 둘러 글루건으로 고정해서 잠금 장치를 만들고 손잡이를 바꿔 단다.

캐니스터

깔끔한 캐니스터들이 있으면 컨트리 룩을 완성하는데 더할 나위 없이 좋다. 굳이 살 필요 없이 빈 깡통을 잘 활용하면 기성품 못지않은 예쁜 캐니스터를 만들 수 있다. 특히 약통이나 분유통은 밀폐가 가능하기 때문에 캐니스터로 활용하기 적당하다. 페인팅은 철재 면에 제격인 스프레이 락카를 이용하는 것이 요령이다.

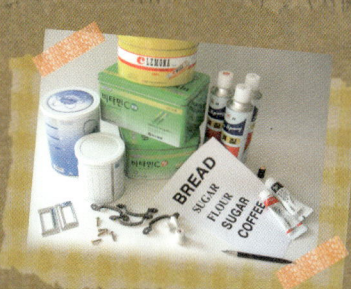

재료 수납 철재 용기(약통, 분유통 등), 스프레이 락카(1통으로 철재 용기 1~2개 페인팅 가능), 신문지, 긴 통(받침대), 라벨 홀더, 손잡이, 서류용 브레드, 시트지, 원단 자투리, 세탁소 옷걸이, 드릴, 송곳, 레터링 재료

만드는 방법

 드릴과 송곳으로 손잡이나 라벨 홀더 구멍을 미리 뚫는다.

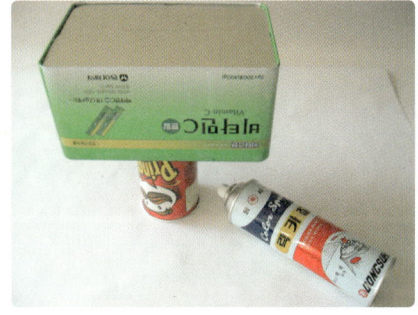
 긴 통을 받침대로 삼고, 그 위에 페인팅 하고자 하는 용기를 올려 락카를 조금씩 뿌려준다. 다 마르면 라벨 홀더와 손잡이를 단다.

+1 다양한 스타일의 캐니스터

1 프린트 된 글씨를 스텐실 기법으로 파서 레터링한 캐니스터
2 미리 뚫어놓은 구멍과 라벨 홀더의 구멍을 맞춰 서류용 브레드를 끼워 넣는 라벨 홀더 캐니스터
3 시트지를 붙인 캐니스터

와인랙

계절이 바뀔 때나 기분 전환을 위해 분위기를 바꾸고 싶다면 정크 스타일로 집안을 꾸며보는 것은 어떨까. 이럴 때 작은 수고로도 인테리어 효과를 거둘 수 있는 것이 바로 와인랙. 프로방스 시골집에 걸려있을 것 같은 투박함을 연출하고 싶다면 페인팅을 되도록 얇게 입혀서 나뭇결을 그대로 살리는 것이 포인트다.

재료 전체 틀을 만들기 위한 두꺼운 판자(도안), 앞판용 패널(도안), 대형 벽걸이용 고리 2개, 사포, 페인팅 재료, 스텐실 재료(본, 조각칼, 아크릴 물감, 스펀지), 요술톱 또는 톱날 커터, 목공 본드, 드릴, 나사못, 못, 망치

아이템 도면

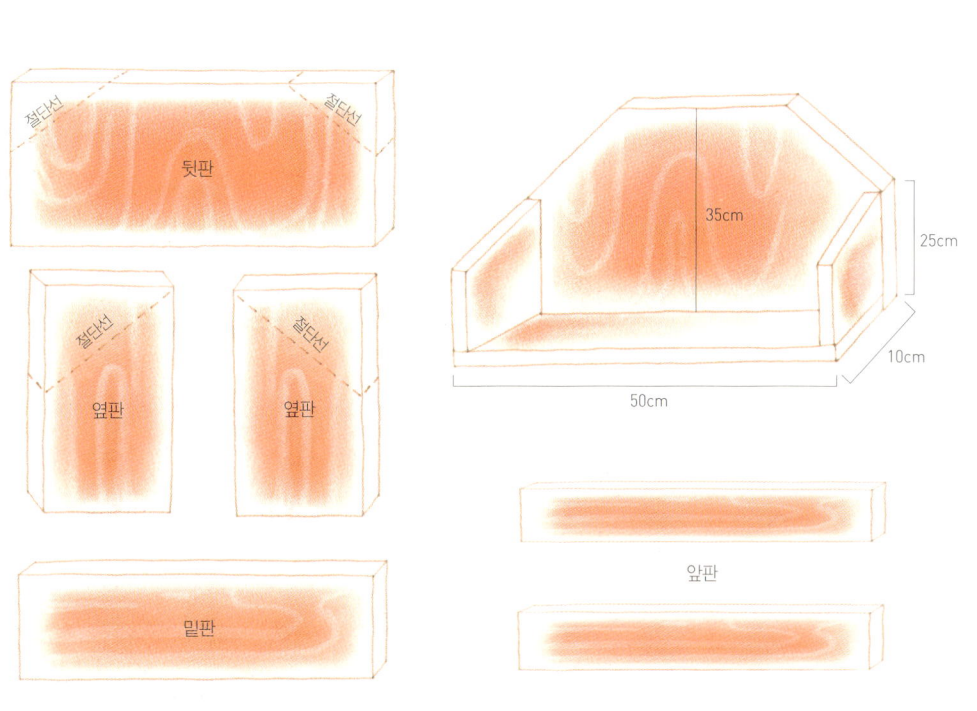

만드는 방법

 도안처럼 판자를 재단한다. 튼튼해야 하므로 밑면과 뒤판용 판자는 특별히 두꺼운 것을 선택하도록 하고, 앞판은 얇은 판자를 이용한다. 앞판에 얇은 판자 대신 사과박스에서 떼어낸 패널을 활용하면 더욱 좋다.

 재단한 조각들을 못과 망치로 조립한다. 못은 길고 가는 못을 사용해서 나무가 갈라지지 않도록 조심하면서 군데군데 튼튼하게 박는 것이 요령. 밑면을 고정할 때에는 나사못으로 한 번 더 박아준다. 얇은 판자를 앞에 대어 못으로 박아준다.

 뒷면에 벽걸이용 고리를 부착한다. 와인렉은 상당한 하중을 견뎌야 하므로 양쪽에 2개 부착하는 것이 좋고, 나사도 2개 이상 박을 수 있는 대형을 선택하는 것이 좋다.

4 원하는 색상으로 페인팅 한다. 페인트에 물을 적게 섞고 사과박스 패널의 거친 나뭇결이 그대로 표현 되도록 한다.

5 스텐실 재료를 준비하고 레터링 본은 조각칼로 파낸다. 본을 패널에 붙인 다음, 스펀지 조각을 이용하여 물기 없이 아크릴 물감을 종이 본에 찍듯이 펴 바른다. 빈틈없이 바르면 글씨가 선명하게 보이고, 엷게 펴 바르면 인쇄된 것 같은 효과를 줄 수가 있다. 아크릴 물감이 완전히 마르면 종이를 떼어낸다.

> **Tip Box** 와인렉은 낡은 듯한 멋이 포인트이므로 나뭇결 자체가 거칠고 투박한 사과박스 패널이 분위기를 살려준다. 하지만 사과박스를 구하기 어렵다면 일반 패널도 괜찮다. 대신 페인팅을 다소 투박하게 마무리 해줘야 한다. 물기가 거의 없이 페인팅 한 뒤 사포질로 모서리를 긁어내는 것도 방법이다.

컵 홀더

예뻐서 하나 둘씩 모아온 머그나 커피 잔을 한층 멋스럽게 디스플레이 할 수 있는 컵 홀더를 만들어보자. 컵도 정리할 수 있고 장식효과도 있어서 일석이조. 공예 재료상에서 판매하는 걸이 반제품을 이용하면 쉽다. 반제품이 없으면 판자에 금속장식물이나 손잡이를 부착하여 걸이를 만들면 된다.

재료 키걸이 반제품, 소형 장미 조각 우레탄 몰딩 1개, 금속 걸이 3개, 목공본드, 페인팅 재료, 드릴, 나사못, 벽걸이용 뒷면 고리

만드는 방법

 키걸이로 나온 반제품을 준비하여 금속 걸이를 부착한다. 걸이는 반제품에 이미 나 있는 구멍 위치에 박아 구멍을 가리도록 한다.

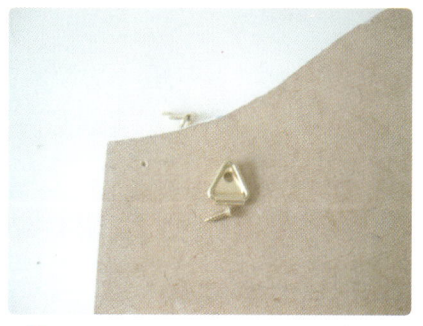

 목공본드를 이용하여 가운데 몰딩을 붙인다. 뒷면에는 벽걸이용 고리를 부착한다.

 원하는 색상으로 페인팅한다.

컨트리 철망 선반

주방의 만능 도우미, 철망 선반을 만들어보자. 철망 선반은 선반으로서의 기능 외에 여러 가지 자주 쓰는 주방 기구들을 걸어둘 수 있어 더욱 편리하고, 컨트리풍의 주방과도 너무 잘 어울린다. 나뭇결이나 색감을 살려 정크 스타일이 살아나도록 연출하는 것도 좋다.

재료 폭이 좁고 긴 캔버스틀 1개, 금속 선반대 2개, 좁은 패널, 철망, 레이스 트림, 타커, 페인팅 재료, 요술 톱, 나사못, 드릴, 긴 못 5개, 망치, 펜치, 글루건

만드는 방법

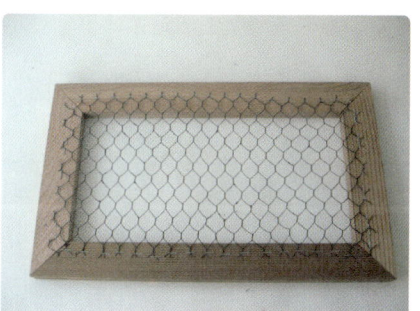

1 철망을 페인팅 한 후, 타커를 이용하여 캔버스틀 아래쪽에 달아준다.

2 타커를 박은 자리를 감출 수 있도록 가장자리에 레이스트림을 둘러준다.

3 패널을 캔버스틀 길이에 맞게 재단하여 못으로 단단히 박는다.

4 긴 못 5개를 일정한 간격으로 나란히 박은 다음, 못을 위쪽으로 구부려 걸이를 만든다. 뒤집어서 철망 쪽에 선반대를 고정한다.

가든 박스

낡은 듯, 투박한 듯 정원에 너무나 잘 어울릴 컨트리풍의 가든 박스. 작은 정원 기구들을 모아 보관하거나 꽃씨들을 담아 두기에 적당하며, 거실이나 부엌에 둘 경우에는 잡다한 물건들을 담아두기에도 좋다. 보기에도 아담하고 앙증맞아서, 예쁜 꽃이 한 두 송이 꽂아진 꽃병 옆에 두면 훌륭한 컨트리 소품이 될 것이다.

재료 뚜껑 달린 나무 박스(양주 박스 적당), 톱날 커터, 철망, 레이스 트림, 글루건, 사포, 페인팅 재료, 손잡이 2개, 나사못, 드릴, 레터링 재료(사용제품-영문 스템프, 아크릴 물감)

만드는 방법

1 뚜껑의 잘라낼 부분을 여러 번 긁어, 박스에 홈이 생기면 그 틈으로 커터 날을 넣어 오려낸다. 사포로 오려낸 면을 다듬는다.

2 박스를 페인팅 한다. 이때 한번에 두껍게 칠하지 않고 얇게 여러 번 칠한다.

3 철망을 크기에 맞게 재단한 뒤 페인팅 한다. 철망 가장자리에 글루건을 쏘아 레이스 트림과 함께 붙인다.

4 손잡이를 달아주고 박스 모서리는 군데군데 사포질을 하여 컨트리 느낌을 살린다. 레터링을 이용하여 꾸며준다.

패브릭 양철통

로맨틱 붐이 일면서 양철통마저 꽃무늬로 옷을 입기 시작했다. 집에 있는 재료들을 이용해서 예쁜 무늬의 양철통을 만들어보자. 다소 크기가 큰 양철통도 손쉽게 리폼할 수 있어 편하다. 무늬가 들어간 양철통은 철재의 차가운 느낌을 따뜻하게 바꿔줄 뿐 아니라 여성스럽고 사랑스러워 보인다.

재료 양철통, 원단, 고체풀, 신문지, 가위, 시침핀

만드는 방법

 신문지를 펼쳐놓고 양철통의 옆면을 천천히 굴려가며 본을 뜬다. 신문지에 그린 본을 오려내고 양철통에 대어 잘맞는지 확인한다.

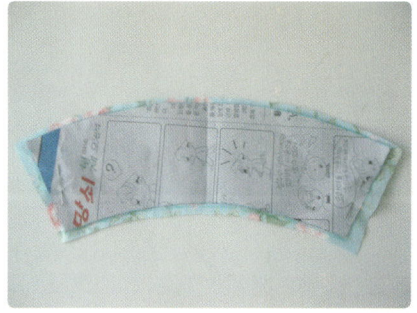

2 본을 원단에 대고 시침핀으로 고정시켜 사방 0.7센티미터 시접을 남기고 재단한다.

 재단된 원단의 옆선은 놔두고 아래 위만 가위집을 낸다. 가위집은 그대로 접어 붙인다.

 양철통에 고체풀을 골고루 발라가며 원단을 선에맞게 천천히 붙여나간다.

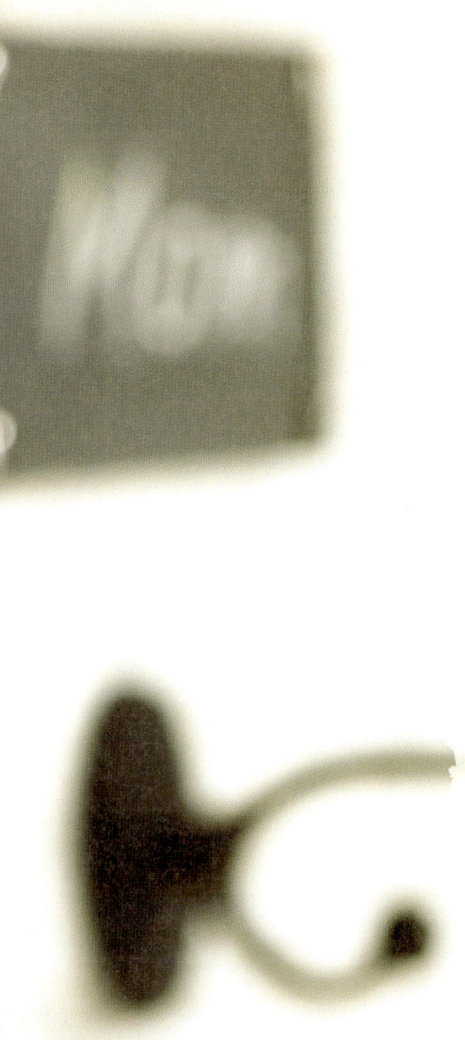

Part 3
Wall Decorating

분위기를 확 바꾸는 벽데코 아이디어

밋밋하기 짝이 없는 벽에 생동감을 불어넣어 보세요. 페인팅이나 벽지, 시트지 등으로 벽 자체를 바꾸는 것도 좋겠지만, 소품 하나만으로도 전체적인 스타일을 바꿀 수가 있답니다. 가능하면 예쁜 선반이나 보드를 달아 활용도를 높이면 더욱 좋겠지요. 이 장에서는 액자 하나, 선반 하나를 달아도 센스 있게 연출할 수 있도록 다양한 아이템을 선보이고자 합니다. 자신이 원하는 분위기에 딱 맞는 아이템에 직접 도전해서 부엌이나 거실의 밋밋한 벽을 확 바꿔보세요.

벽걸이형 옷걸이

활용도가 높은 벽걸이형 옷걸이를 간단한 재료로 직접 만들어보자. 긴 판자에 금속 장식을 달면 손쉽게 만들 수 있고, 더욱 간단히 만들고 싶다면 공예 재료상에서 구입할 수 있는 반제품을 이용하면 된다. 옷뿐만 아니라 모자나 가방 등의 소품을 걸어둔다면 계절감도 살리고 멋스러울 것이다.

재료 긴 패널 1개, 금속 옷걸이, 나사못, 드릴, 페인팅 재료, 흑판 자투리, 톱날커터, 목공 본드, 벽걸이용 고리

만드는 방법

1 패널의 폭과 금속 옷걸이의 위치를 고려하여 흑판의 크기를 정하고, 자투리 흑판을 알맞게 재단한다.

2 옷걸이와 패널을 각각 페인팅 해놓는다.

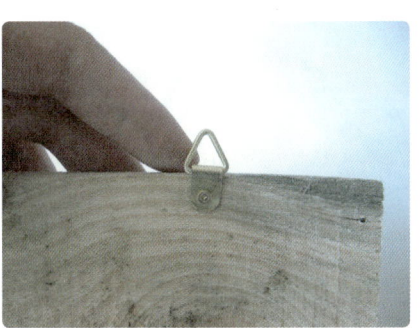

3 뒷면에 벽걸이용 고리를 부착한다.

4 긴 패널에 금속 옷걸이들을 늘어놓아 간격이 일정하도록 드릴로 박은 다음, 잘라놓은 흑판을 옷걸이 위에 오도록 본드로 붙인다.

메모보드

장식성이 우수해서 보기에도 좋고 메모나 사진들을 한눈에 볼 수 있도록 디스플레이 할 수 있는 인기만점 아이템. 더구나 원단, 종이, 시트지 등 어떤 재료로도 누구나 쉽게 만들 수 있다는 게 장점이다. 특히 칼라보드를 사용하면 더욱 간편하게 만들 수 있는데, 바탕색과 리본 색을 매치시켜 포인트를 주자.

재료 시안보드(칼라보드), 알록달록 무늬 리본 10야드, 폭 1cm의 양면테이프, 두꺼운 양면테이프, 가위

만드는 방법

1 시안보드(또는 칼라보드)를 원하는 크기로 자른다. 이때 네 개의 꼭지점은 각각 리본의 폭만큼 사선으로 잘라낸다.

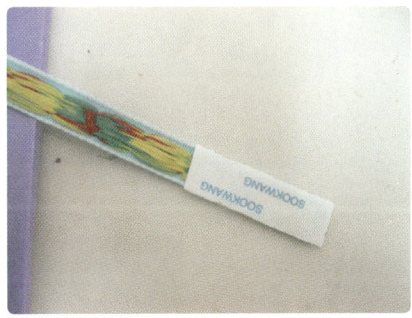

2 리본 끝에 양면테이프 조각을 꾹 눌러 붙여 놓는다.

3 리본을 잘라 놓고, 대각선을 서로 엇갈리게 해서 X자 모양으로 붙인다. 교차되는 곳에는 양면테이프 조각을 붙여 고정시킨다.

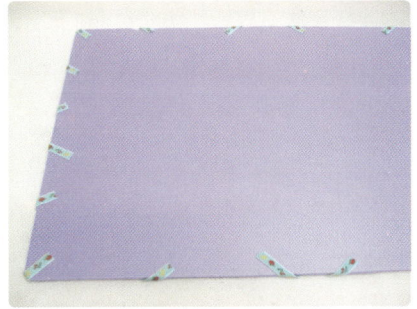

4 보드의 뒷면에 리본 끝이 튼튼하게 잘 붙었는지 꼼꼼하게 확인한다.

코르크 보드 선반

원하는 크기로 잘라 쓸 수 있는 코르크지를 이용하여 클래식한 분위기의 단정한 코르크 보드를 만들어보자. 코르크는 폭신폭신한 재질이라 딱딱하지 않고, 인위적이지 않아서 자연스럽고 편안한 느낌이 든다. 중요한 약속을 적은 메모나 영수증을 꽂아 두면 좋고, 여기에 선반을 달아 활용하면 더욱 편리하다.

재료 소형 싱크대 문짝(혹은 대형 액자 프레임), 두꺼운 판자(선반용) 1개, 선반대 2개, 페인팅 재료, 코르크지, 스프레이 접착제, 나사못, 드릴 용 뒷면 고리

만드는 방법

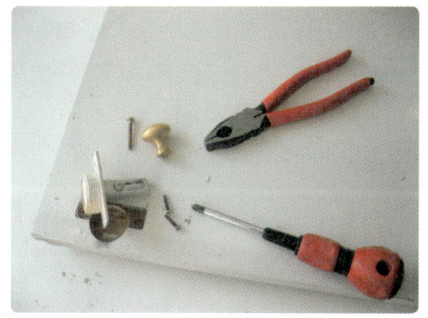

문짝의 부속물들을 전부 떼어내고 깨끗하게 다듬는다. 만약 적당한 문짝이나 액자 프레임을 발견하지 못했다면, 네모난 판자에 몰딩을 달아 비슷하게 만들 수 있다.

문짝과 선반이 될 판자를 동일 색상으로 페인팅 해 놓고 충분히 건조시킨다.

 **만드는 방법**

코르크지를 붙이고자 하는 프레임 안쪽 선에 맞게 재단하여 조심스럽게 잘라낸 다음, 스프레이 접착제를 코르크지 뒷면에 골고루 뿌린다.

스프레이를 뿌려 접착성이 생긴 코르크지를 프레임 선에 맞게 붙인다.

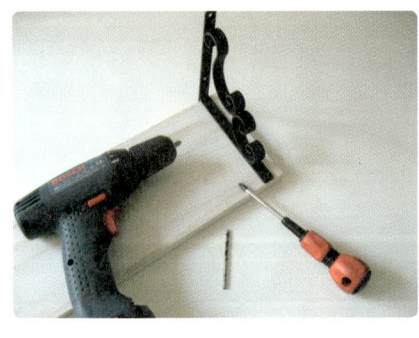

선반대를 고정할 곳을 표시하여 드릴로 구멍을 뚫고 선반대를 판자에 고정시킨다.

6 선반대를 고정시킨 것처럼 코르크 붙인 문짝과 선반을 같은 방법으로 고정시킨다. 뒷면에 벽걸이용 고리를 부착한다.

Tip Box 보드를 만들려면 여러 가지 재료를 활용할 수 있지만, 코르크지나 시안보드가 유용하게 쓰일 수 있다. 시안보드(칼라보드)는 칼라가 섞인 압축 스티로폼으로, 가볍고 색상이 고와 그대로 메모보드로 사용해도 될 만큼 편리한 제품이다. 또한 코르크지는 코르크 재질을 얇게 펴서 판매하는 제품으로, 자연스럽고 인위적이지 않다. 이 재료들 모두 대형 화방이나 문구점에서 구입 가능하므로, 적절히 이용하도록 하자.

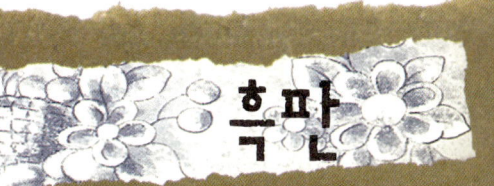
흑판

빈티지 느낌이 나는 소품들이 인기다. 특히 집 한쪽 벽면에 시트지를 붙인다든가 몰딩 선반을 붙여 분위기를 확 바꾸는 경우도 종종 볼 수 있는데, 포인트 데코에 빠질 수 없는 것이 바로 흑판이다. 잡지에서 봤음직한 흑판을 빈티지 풍으로 만들어보자. 단골 커피숍의 메뉴판인 듯 정겨운 소품이 될 것이다.

재료 흑판, 와인 박스 또는 소형 나무 박스, 톱날 커터, 목재띠몰딩, 입체 레터링 (c,a,f,e 각각 1개씩), 목공 본드, 페인팅 재료(사용제품-자주색 락카, 흰색 아크릴 물감), 각도기, 메모지 1장, 사포, 벽걸이용 고리, 작은 나사, 드라이버

만드는 방법

톱날 커터를 이용하여 흑판의 선반이 될 와인 박스의 한쪽을 잘라낸다. 와인 박스는 흑판의 길이보다 길지 않아야 하며 잘라낼 폭은 너무 넓지 않게 잡는 것이 좋다.

흑판의 테두리에 붙일 몰딩을 재단하기 위한 본을 만든다. 각도기를 이용하여 종이에 45도 각도를 그린 후, 이 본을 몰딩 끝부분에 대고 표시해놓는다.

만드는 방법

3 톱날 카터를 사용하여 흑판의 위와 양옆 길이에 맞게 몰딩을 자른다. 이때, 몰딩과 몰딩이 서로 연결되는 꼭지점 부분은 아까 만들어놓은 본을 대고 그려 선대로 자른다.

4 재단된 몰딩 면은 사포를 펼쳐 놓고 그 위에 문질러 다듬는다. 너무 많이 문지르면 경사면의 각도가 달라질 수 있으므로 주의한다.

5 삼면의 몰딩과 1번에서 준비해놓은 선반을 흑판에 대본다. 남는 자투리 부분에도 몰딩을 붙여야 하므로 이 부분의 몰딩도 재단해 놓는다. 선반과 연결되는 부분은 그냥 놔두고 몰딩끼리 연결되는 부분만 45도 각도로 절단한다.

몰딩을 페인팅 하여 마르면 목공 본드로 흑판에 부착한다. 본드가 흑판 면에 묻지 않도록 바깥쪽에서 안쪽으로 밀어 넣듯이 붙인다. 박스와 입체 레터링도 각각 페인팅을 한 후, 마르면 레터링을 박스에 붙인다.

뒷면에 벽걸이용 고리를 부착하고 흑판의 옆면도 같은 색으로 마무리 한다. 사포질로 페인트를 약간씩 벗겨내면 더욱 빈티지한 스타일을 연출할 수가 있다.

+1 지우개 만들기

재료 보드라운 원단 약간(코듀로이, 벨벳, 스웨이드, 극세사 등), 솜 약간, 합판 조각, 마끈, 타커

만드는 방법

1 원단은 직사각형으로 재단하여 네 귀퉁이를 사선으로 접어 직각으로 꿰매놓는다. 뒤집어 모양을 만들면 입체적인 모양이 되는데 이 안에 솜을 채워 넣는다.

2 합판 안쪽에 마끈을 타커로 고정해놓는다. 마끈의 나머지 한쪽 끝은 흑판 위쪽에 박아 마무리한다.

3 솜 채운 원단을 마끈을 고정한 바로 위에 올려놓고 가장자리를 타커로 박는다.

1　　　　　2　　　　　3

미니 클립보드

실용적이고 재미있는 메모 클립보드를 만들어보자. 직사각형의 납작한 판자와 서류집게만 있으면 된다. 나뭇결을 살려 내추럴하게 연출해도 좋고, 예쁜 색깔로 칠하거나 로맨틱한 원단을 씌워 아기자기한 맛을 살려도 좋다. 벽에 걸거나 액자처럼 아이 방 책상 위에 세워서 그날그날 계획표를 붙여두는 것은 어떨까.

재료 나사를 박을 수 있는 두께의 나무 판, 원단 약간, 펠트지 약간, 대형 서류용 집게, 락카, 나사못, 드릴(드라이버), 고체풀, 글루건, 벽걸이용 고리

만드는 방법

두꺼운 판자를 작게 재단하거나 공예용 틀을 이용한다. 못 쓰는 자투리 나무판을 이용해도 된다. 단, 나사를 박아야 튼튼하므로 너무 얇은 두께의 나무는 피한다. 준비한 판자에 원단을 대서 재단한다.

고체풀을 이용하여 원단을 꼼꼼하게 붙인다. 뒷면에는 원단을 다시 붙일 것이므로 적당히 마무리짓는다.

만드는 방법

3 모서리 부분이나 굴곡이 들어간 부분도 풀을 구석구석 발라가며 각을 살리는 것이 깔끔하다.

4 서류용 집게를 락카로 페인팅 하고 완전히 건조시킨다. 이때 벽걸이용 고리와 나사도 함께 칠해놓으면 편하다.

5 뒷면에 벽걸이용 고리를 부착한다.

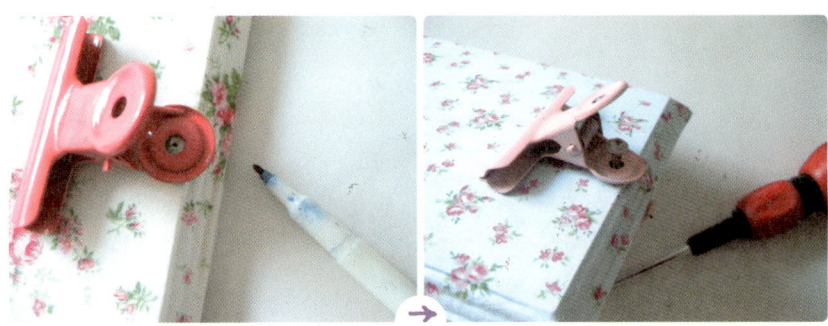

 판자에 집게를 고정시킬 위치를 표시하고 나사못을 서류집게 구멍에 박아 고정시킨다. 이때, 집게와 나무판의 맞닿는 부분에는 미리 글루건으로 붙여 놓아야 흔들리지 않는다.

7 뒷면에는 펠트지나 원단을 붙여 마무리한다.

Tip Box 집게를 페인팅 할 때에는 뒷면을 칠하지 않는다. 집게를 판자에 고정시키게 되면 뒷면은 보이지 않으며, 페인팅 하지 않는 것이 접착이 더 잘 되기 때문이다. 단, 뒷면을 제외한 보이는 쪽(옆, 집게 사이 등)은 꼼꼼하게 페인팅 한다.

벽걸이형 촛대

벽면에 허전한 공간이 있다면 곡선이 예쁜 와이어 촛대로 포인트를 주자. 와이어의 간결함이 촛불의 은은함과 잘 어우러져 아늑한 실내 분위기를 만들어줄 것이다. 특히 예쁜 향초를 꽂아두면 달콤한 향이 배어나와, 마음이 편해지면서 이야기를 나누기에 좋다. 작은 수고로도 분위기를 살릴 수 있는 효과적인 아이템.

재료 굵기 4mm의 아트 와이어 5m, 굵기 1mm의 아트 와이어 1롤, 펜치, 와이어 집게, 순간접착제, 작은 유리병(유리컵), 신문지, 연필이나 나무젓가락, 호일심, 굵은 양초, 커터, 자, 글루건

만드는 방법

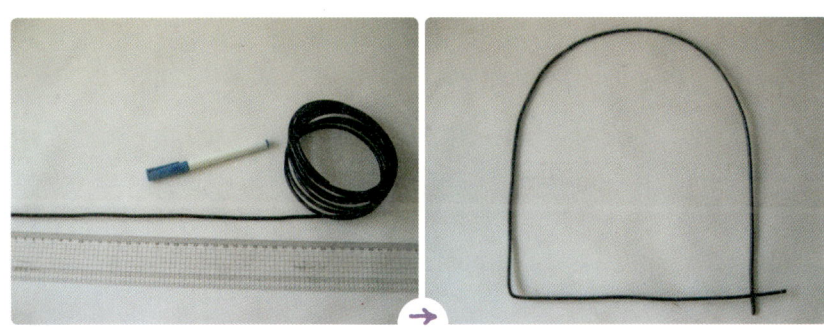

와이어를 길이에 맞게 재단하여 아치 모양으로 구부려준다.

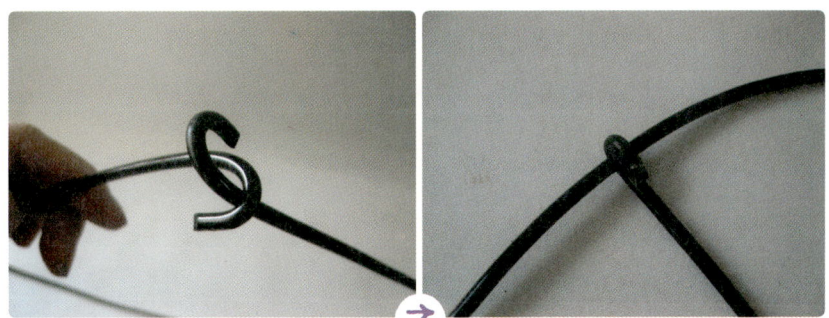

아랫부분은 꺾어서 끝은 서로 이어준다. 이을 때는 끝을 갈고리 모양으로 미리 꺾어 놓았다가 맞물려 펜치나 집게로 꽉 누르면 된다.

 만드는 방법

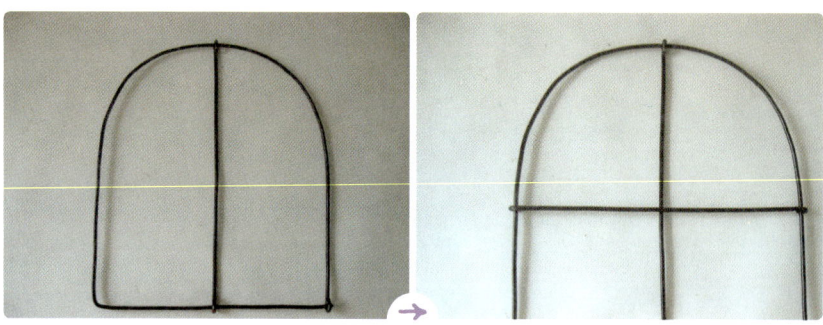

3 세로로 칸을 만들어준다. 마찬가지로 와이어 끝은 갈고리 모양으로 만들어 와이어를 끼우고 집게로 눌러 서로 연결한다. 가로로 칸을 만들어준다.

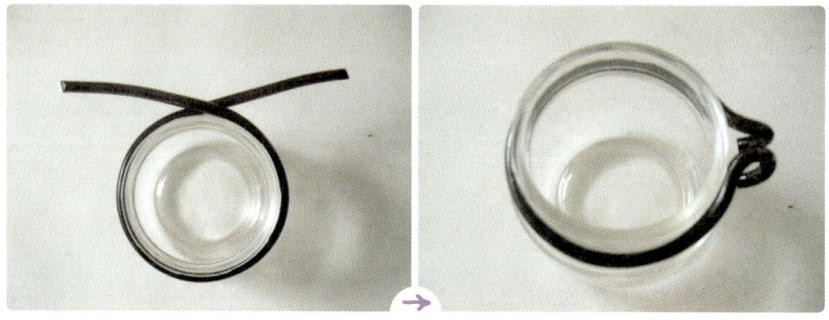

4  초를 담을 유리컵에 와이어를 감아 와이어 끝은 갈고리 모양으로 구부려 놓는다. 양초를 알맞게 잘라 유리컵 바닥에 글루건으로 붙인다.

5 S자 곡선 모양으로 된 와이어를 각각 2개씩 총 4개를 만들어 놓는다.

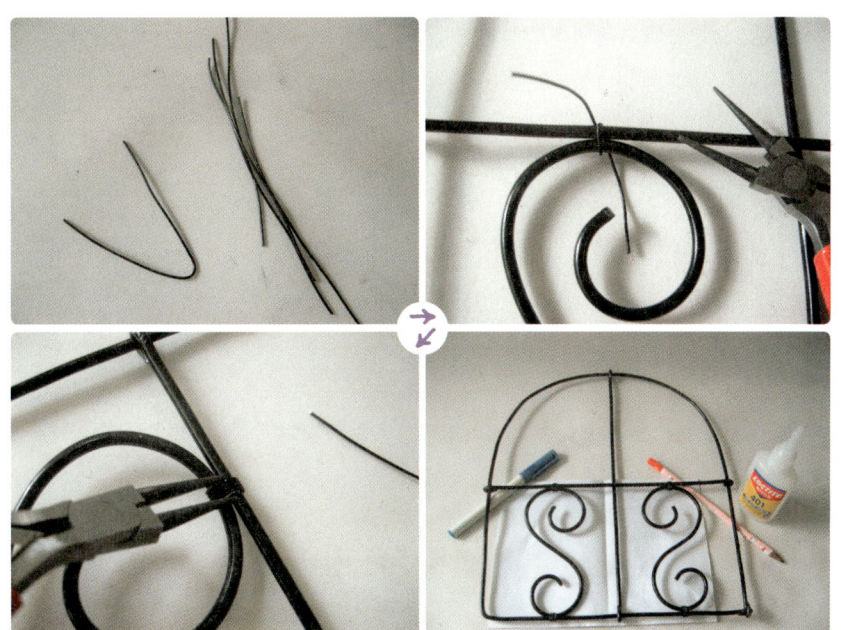

 나누어놓은 칸 4개에 S자 곡선 모양 와이어를 차례로 연결한다. 연결할 때에는 얇은 와이어를 이용하는데, 얇은 와이어로 연결한 곳은 반드시 순간접착제를 뿌린다. 양쪽이 정확히 대칭이 되도록 주의한다.

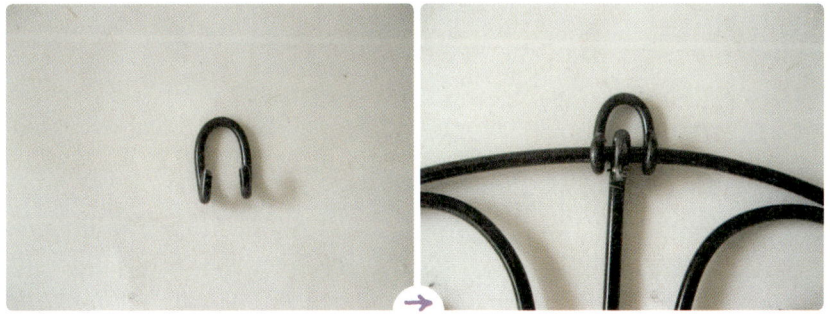

 아까 만들어놓은 유리컵을 와이어로 만든 판 가운데에 펜치로 고정시킨다. 벽걸이형 촛대를 벽에 걸 수 있도록 작은 고리를 만든다.

프로방스 장식창문

유럽의 카페에 와 있는 듯한 이국적인 공간을 원한다면, 허전하고 텅 빈 벽면을 활용해 프로방스풍의 창문을 달아보는 것은 어떨까. 필요 없어진 액자틀이나 캔버스틀 또는 서랍틀을 이용하여 쉽고 간단하게 만들어보자. 서랍틀은 작은 물건들을 놓아둘 수 있는 공간이 있어 선반처럼 사용해도 된다.

재료 크기가 서로 같은 캔버스틀 2개, 낡은 서랍 1개(액자틀이나 캔버스틀도 무관), 세탁소 옷걸이, 페인팅 재료, 경첩 4개와 경첩용 못, 작은 손잡이 2개, 목공 본드, 원단, 바느질 재료, 벽걸이용 고리, 망치, 드릴

만드는 방법

서랍을 분해하여 밑바닥과 앞판은 떼고 틀만 남긴다. 마땅한 서랍이 없다면 원하는 크기로 나뭇판을 재단하여 사진과 같은 모양의 틀을 준비한다.

창문이 될 양옆 캔버스틀의 안쪽 위아래에 드릴로 구멍을 낸다. 장구커튼을 고정할 와이어를 끼울 구멍이므로, 양쪽이 같은 높이여야 한다. 구멍의 지름은 세탁소 옷걸이 지름과 같도록 한다. 세탁소 옷걸이를 캔버스틀 폭보다 1~2cm 정도 더 길게 재단하여 커튼봉을 만들어 놓는다.

만드는 방법

3 서랍틀 위에 몰딩을 달아준다. 접착제를 발라 몰딩을 붙인 후, 타커를 박아 고정시킨다.

4 몰딩 뒷면에 벽걸이용 고리를 부착한다. 구멍을 뚫은 다음, 나사를 조여 연결시키면 된다.

5 캔버스틀과 서랍틀을 원하는 색으로 각각 페인팅해놓는다.

6 원단을 재단한 뒤 페매어 커튼을 2개 만들어 놓는다. 잘라둔 커튼봉에 커튼을 끼우고 구멍에 고정시킨다.

7 커튼의 허리는 끈으로 묶어 장구 모양을 완성한다. 원단과 잘 어울리는 끈을 준비하자.

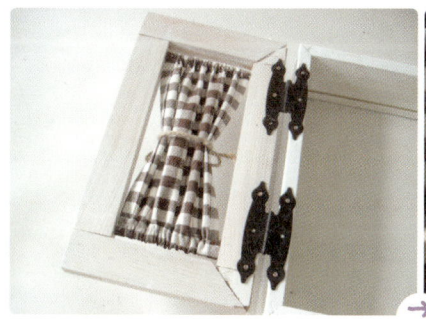 

8 문을 여닫을 수 있는 손잡이를 달아준 다음, 서랍틀을 가운데 놓고 좌우 양쪽에 캔버스틀을 놓아 각각 위와 아래 2군데 경첩을 박아 연결한다.

Tip Box 가운데 틀이 되는 서랍과 양쪽에 달리는 창문2개의 폭이 반드시 딱 맞아야 하는 것은 아니지만 창문을 열고 닫을 수 있도록 하려면 캔버스틀 2개의 폭이 서랍틀 폭보다 커서는 안 된다. 약간 작은 것은 상관없지만 굳이 딱 맞게 만들고 싶다면 캔버스틀 또는 서랍틀을 분해하여 길이를 맞게 잘라내는 방법이 있다.

몰딩선반

단정하고 세련된 느낌이 강한 몰딩 선반은 어느 공간이든 잘 어울린다. 기다란 몰딩 선반을 여러 개 만들어 엇갈리게 달면 장식 효과와 수납 효과를 한번에 거둘 수 있고, 주방 한 켠에 달아 장식 접시를 놓아두면 잡지에 나올 듯한 예쁜 주방을 꾸밀 수 있다. 벽지나 가구들의 색상을 고려하여 색상을 입혀보자.

재료 합판, 폭이 넓은 우레탄 허리몰딩 긴 것 1개, 타커, 목공 본드, 톱날 커터, 페인팅 재료(홈스타 파스텔OK 흰색, 아크릴 물감 아쿠아색 약간), 강력 양면테이프, 사포, 대형 벽걸이용 고리, 나사못, 드릴, 타커, 메꿈제, 각도기

만드는 방법

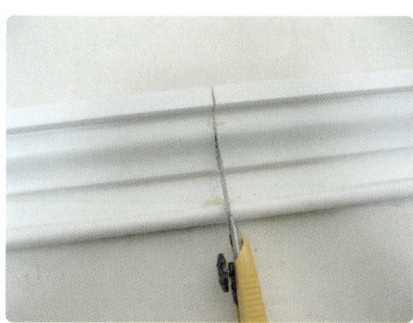

1. 합판과 몰딩을 원하는 크기로 재단해 놓는다. 이때, 뒤판은 두꺼운 것을, 상판과 아랫판은 얇은 합판을 사용하면 된다.

2. 45도 본을 이용하여 몰딩에 절단선을 그려 자른 다음, 자른 곳을 서로 대어 잘 맞는지 확인한다. 사포로 다듬고 목공 본드로 붙인다.

3. 몰딩들을 다 붙이고 나면 강력 양면테이프를 이용하여 상판과 붙인다. 그 다음에 뒷판을 끼워 튼튼하게 박는다.

4. 뒤판 양옆에 벽걸이용 고리를 박는다. 몰딩 틈새에 메꿈제를 발라 틈을 막고, 건조되면 사포로 다듬는다. 원하는 색상으로 칠한다.

베란다 중문

인테리어 업체에 의뢰를 해야만 중문을 만들 수 있다는 고정관념을 버리자. 문은 양쪽에 나 있어야 한다는 편견도 버리자. 나무틀 한 개로 정크 스타일의 쪽문을 만들어 달면, 자연스럽고 편안한 시골 풍경의 베란다를 연출할 수 있다. 화분 몇 개를 갖다 놓아도 멋스런 베란다 정원, 그 시작을 위해 간단 중문을 만들어보자.

재료 길이 130cm 정도의 굵은 각목 1개, 대형 캔버스틀 1개, 패널 1개, 페인팅 재료, 사포, 못, 경첩 2개와 경첩용 못, 망치, 강력 양면테이프(넓은 것)

만드는 방법

1 패널을 알맞은 길이로 잘라 캔버스틀 위에 사선으로 놓는다.

2 못으로 박아 문짝을 만들어 놓는다.

3 기둥이 될 굵은 각목과 완성된 문짝을 사포로 다듬어 페인팅한다. 붓 자국이 거칠게 남도록 칠하면 정크 스타일의 멋이 난다.

4 경첩을 문짝 위와 아래에 달아놓고 이것을 다시 기둥에 나사로 박아 연결한다. 벽면에 붙일 때는 강력 양면테이프를 이용한다.

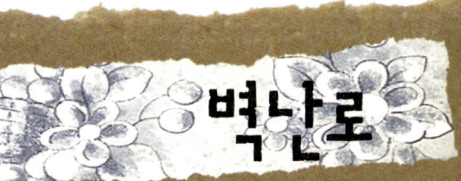

벽난로

겨울철이나 크리스마스가 다가오면 갖고 싶은 벽난로. 그러나 구입하자니 너무 비싸고, 직접 만들자니 재료값이 만만치 않다. 막상 구입을 해도 시간이 지나면 공간만 차지하는 천덕꾸러기가 되지 않을까 걱정스런 마음이 드는 게 사실. 이럴 때는 장난감이나 전자제품이 들어있던 대형 박스를 찾아보자.

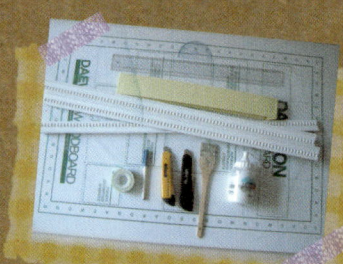

재료. 대형박스 1개, 두께 1cm의 폼보드 2장, 우레탄 띠몰딩, 각도기, 메모지 1장, 페인팅 재료, 커터, 톱날 커터, 목공본드, 강력 양면테이프, 박스테이프

아이템 도면

주위에서 쉽게 구할 수 있는 대형박스를 이용하면 된다. 대형박스는 두꺼운 종이 재질이라서 쉽게 망가지지 않으므로 목재를 대신할 재료로 손색이 없다.

우드락을 재단하여 덧대는 위치

박스를 잘라 접는 부분

만드는 방법

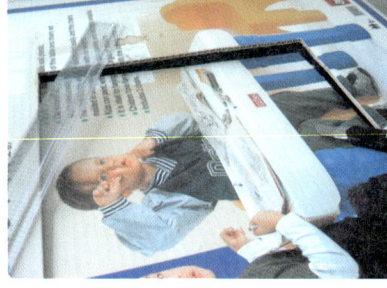
도안처럼 박스 가운데를 오려낼 것이므로 벽난로의 구멍이 될 만큼의 길이를 정하여 박스에 그린 후 아랫변만을 제외한 삼면을 커터로 자른다. 오려낼 부분의 세로 길이는 벽난로 옆면 폭과 같은 길이로 한다.

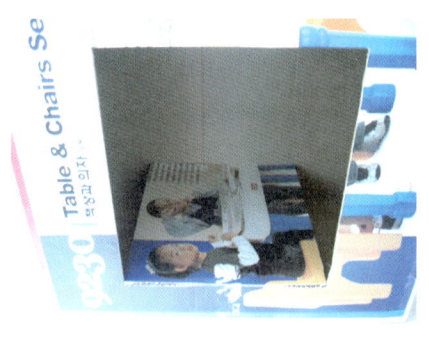
자르지 않고 놔둔 아랫변은 안으로 접은 다음, 벽난로 뒤판에 닿는 부분에 목공 본드를 발라 붙인다.

두꺼운 폼보드도 재단하여 윗부분에 칸막이를 만들어 목공 본드로 붙인다. 이때 박스를 바닥에 눕히고 붙이면 쉽다.

Tip Box 박스는 높이와 폭이 적당해야 하며 박스가 열리는 부분은 아래와 위를 향하도록 해야 옆면이 깔끔한 벽난로가 된다. 뒷면은 벽과 맞닿아 보이지 않게 되므로 페인팅도 생략하고 몰딩도 붙이지 않는다.

 양옆의 칸막이도 재단하여 목공 본드로 붙인다. 붙일 때에는 박스 뚜껑을 열어 칸막이들이 서로 잘 맞닿게 하여 눌러 붙이도록 하여야 튼튼하다. 본드가 완전히 굳으면 박스의 뚜껑을 닫아 테이프로 벌어지지 않도록 봉한다.

 45도 각도 본을 만들어 3면에 붙일 몰딩을 자른다. 몰딩의 길이는 서로 이어질 부분을 고려하여 박스 길이보다 길게 재단해야 한다. 재단한 몰딩은 강력 테이프로 박스 윗면 뚜껑과 수평이 되도록 붙인다.

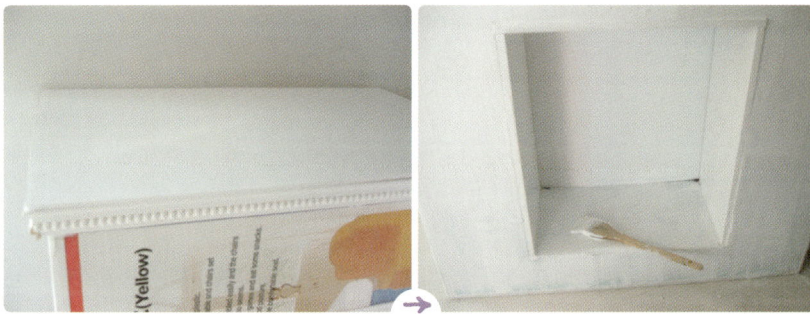

 몰딩 붙인 부분까지 넓게 재어 상판이 될 폼보드를 재단하여 양면테이프로 붙인다. 양면테이프를 길고 빈틈없이 붙인 다음, 상판 위에 무거운 것을 올려놓아 완전히 붙도록 한다. 틀이 완성되면 원하는 색상으로 페인팅한다.

Part 4
Fabric Goods

활용도 만점, 손수 만드는 패브릭 아이템

필요한 게 있다 싶을 때 가장 많이 활용할 수 있는 손쉬운 방법이 바느질입니다. 요즘에는 미니 재봉틀도 잘 나와 있어서 맘만 먹으면 얼마든지 각종 아이템을 뚝딱뚝딱 만들 수 있지요. 시장이나 인터넷에서 가장 쉽게 구할 수 있는 재료 역시 패브릭이구요. 취향에 맞는 원단 몇 가지만 구비해두면, 학창시절에 배웠던 기본 방법만으로도 얼마든지 필요로 하는 아이템들을 만들 수 있답니다. 쿠션이나 담요, 러그 등을 만들어 집안 곳곳에 두면 안락하고 따뜻한 분위기가 물씬 묻어납니다.

쿠션

거실의 분위기를 좌우하는 것 중 하나가 쿠션이다. 계절과 스타일에 따라 커버만 바꿔도 큰 효과를 볼 수 있고, 모양과 무늬에 따라 다양한 분위기를 연출하기에 더없이 좋은 아이템이다. 같은 색 계통으로 통일감을 주거나 비슷한 패턴끼리 매치하면 무난한 느낌, 보색 혹은 스트라이프-꽃무늬, 체크-꽃무늬 등의 믹스 앤 매치는 세련된 느낌을 준다.

재료 니트 원단, 안감 원단, 클래식 무늬 원단, 쿠션 솜 · 원단 2가지(꽃무늬, 체크), 솜방울 트림 · 원단 2야드

아이템 도면

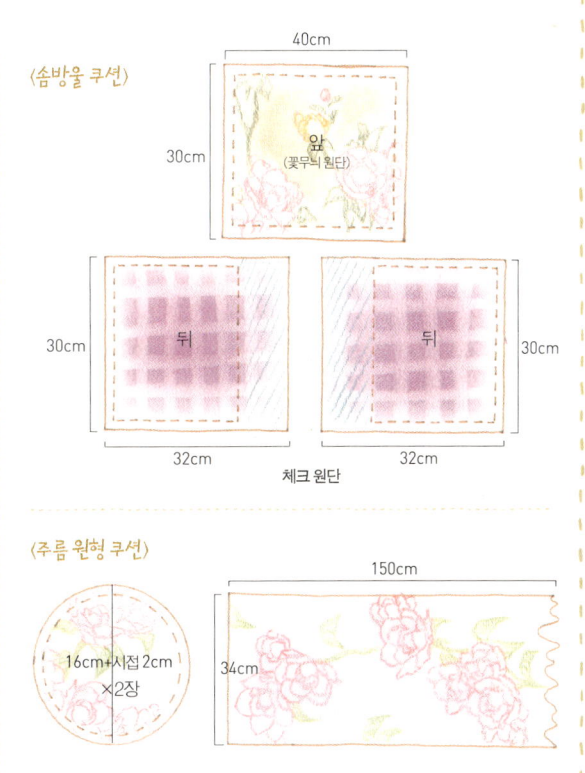

가을 겨울에 어울리는 따뜻한 니트 쿠션

만드는 방법

 도안과 같이 원단을 재단한다. 니트 원단과 안감 원단은 서로 겹치도록 놓고 시접 있는 곳에 시침질을 해놓는다. 클래식 무늬 원단은 여밈 부분이 될 단을 각각 접어 박아놓는다.

 클래식 무늬 원단으로 파이핑을 만들어 시접이 바깥으로 향하도록 놓고 니트 원단 겉면 둘레에 시침질을 해놓는다. 각진 부분은 가위집을 넣어 잘 꺽이도록 하고, 파이핑의 양끝이 만나는 곳은 연결하여 꿰맨다.

 클래식 원단의 여밈 부분은 약간 겹치도록 놓아 니트 원단과 크기가 같도록 맞춘 다음, 니트 원단과 클래식 무늬 원단을 겉면끼리 마주보도록 놓고 겹쳐 박는다. 이때, 파이핑 끈 바로 옆에 바짝 대고 바느질한다.

 여밈 부분을 이용하여 뒤집어 모양을 잡고 여밈 부분이 벌어지지 않도록 묶을 수 있는 끈을 달아준다. 쿠션 솜을 채우면 완성된다.

+1 파이핑 만들기

파이핑이란 쿠션이나 커버링 등의 모서리 부분에 두툼한 가장자리 장식이다. 파이핑을 하게되면 각이 살아나서 형태도 뚜렷해 보이고 고급스러워 보인다. 시중에서 여러 종류를 구입할 수도 있지만 제천으로 된 파이핑은 파이핑 끈을 이용해 직접 만드는 것이 보기 좋을 것이다.

재료 원단, 자, 가위, 파이핑 끈, 재봉틀

만드는 방법

1. 원단을 2cm 폭으로 사선으로 길게 재단한다.
2. 재단한 원단 조각들은 서로 이어 긴 테이프를 만든다.
3. 원단 가운데에 파이핑 끈을 넣어 박는다.

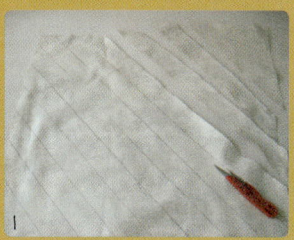  

아이 방에 꼭 맞는 솜방울 쿠션

만드는 방법

 도안처럼 원단을 재단한다. 솜방울 트림을 길이에 맞게 잘라 꽃무늬 원단 겉면 양쪽 끝에 놓고 시침질한다. 이때, 솜방울이 안쪽으로 향하도록 놓아야 한다.

 체크무늬 원단 2장은 각각 여밈 부분이 될 단을 접어 박아놓는다. 체크무늬 원단을 겹쳐 꽃무늬 원단과 겉면끼리 마주보도록 놓는다. 바느질 선대로 박은 다음, 뒤집어 모양을 잡는다.

Tip Box 'x배주름'이란 만들고자 하는 주름 길이의 x배가량의 원단을 들여 주름을 잡는 것을 말한다. 예를 들면 50센티미터의 주름을 만들기 위해 100cm의 원단이 소요되면 2배 주름이다. 옆에서 만든 원형 쿠션은 원의 지름이 16센티미터이므로 원둘레(지름×3.14)는 50.24센티미터이다. 따라서 주름진 천의 길이는 시접을 포함해서 52센티미터로 잡아야 하며 3배 주름을 잡기 위해서는 52의 3배가량인 150cm 정도의 원단이 소요된다.

STYLE 3 로맨틱한 분위기의 원형 주름 쿠션

만드는 방법

도안처럼 원단을 재단한다. 길게 재단한 원단의 양쪽 가장자리에 3배 주름을 잡는데, 주름은 홈질하여 조금씩 잡아당겨가면서 만든다. 주름을 모두 잡고 난 전체 길이가 52cm가 되도록 한다.

1에서 만든 주름진 원단을 옆선끼리 겹쳐 박되, 옆선 가운데에 창구멍을 남긴다. 그 다음 원형으로 재단한 원단과 주름 넣은 부분을 겉끼리 마주 대고 선을 따라 박는다. 이때, 원의 곡선을 예쁘게 만든다. 양쪽 같은 방법으로 바느질 한 후, 뒤집어서 솜을 빵빵하게 넣어주고 창구멍을 감침질한다.

담요

체크무늬의 두툼한 담요는 보온을 위해서뿐만 아니라 그 자체만으로도 멋진 인테리어 소품이 될 수 있다. 담요는 원단이 두껍지만 조직이 성글어서 의외로 바느질이 쉬워 간단하게 만들 수 있는 아이템. 귀여운 솜방울을 달아 평범함을 탈피한 아담한 사이즈의 담요를 만들어보자. 흔들의자에 그대로 걸쳐 놓거나 침대 발치에 접어놓아도 멋스럽다.

재료 모직 느낌의 아크릴 원단 2야드(체크무늬), 솜방울 트림 4야드, 바느질 재료

만드는 방법

1. 폭110cm, 길이 180cm의 아크릴 원단 2야드를 준비한다. 모직 원단도 상관 없다.

2. 4면의 옆선은 시접을 2번 접어 꿰매준다. 바느질은 굵직굵직하게 해도 상관 없으나 실의 색상을 원단과 동색 계열로 해야 한다.

3. 윗단과 아랫단 안쪽에 솜방울 트림을 달아준다. 솜방울이 제대로 찰랑거리려면 최대한 끝에 달아야 한다.

패브릭 옷걸이

재료비 0원으로 만드는 패브릭 옷걸이. 버리기 직전의 옷걸이들과 자투리 원단만 있으면 예쁜 패브릭 옷걸이를 만들 수 있다. 니트 등을 걸어도 옷에 자국이 남지 않는 푹신한 옷걸이는 보기에도 좋고 실용성도 겸비한 기특한 소품. 게다가 만들기도 너무 간단하다. 인테리어 소품용으로 손잡이에 걸어두거나 여러 개를 만들어 주위에 선물하기에도 좋다.

재료 세탁소 옷걸이, 퀼팅솜, 자투리 원단, 바느질 재료, 폭이 좁은 리본, 폭이 넓은 리본, 글루건, 강력 테이프

아이템 도면

- 옷걸이: 19cm + 19cm, 38cm, 절단면
- 퀼팅솜(×2장): 20cm × 25cm
- 원단(×2장): 21cm × 11cm
- 위 원단을 아래처럼 반으로 접은 뒤 바느질한다
- 원단 안쪽
- 바느질선 시접 0.5cm

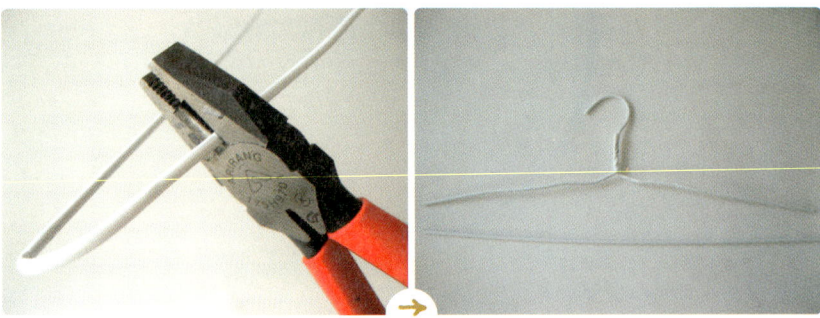

도안처럼 세탁소 옷걸이를 길이에 맞게 자른다. 옷걸이의 걸이 바로 아랫부분의 굴곡이 심한 부분은 펜치로 잘 펴서 길이를 표시한 후 절단해야 정확하다.

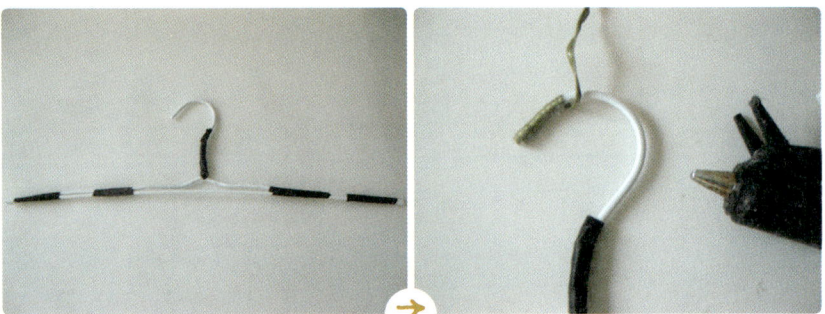

잘라낸 옷걸이 밑변을 버팀목으로 고정시켜 줘야 휘지 않고 튼튼하므로 강력 테이프로 군데군데 감아 놓는다. 얇은 리본을 이용해 걸이 부분을 감아준다. 한 번 감고 쏘아 붙이는 것을 반복해야 들뜨지 않는다.

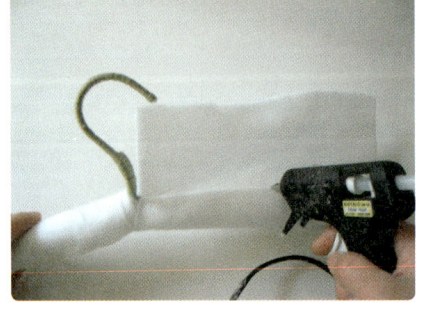

길이에 맞게 재단한 퀼트솜(도안)을 양옆에 각각 감아 붙여준다. 마찬가지로 한 번 감아준 후 붙이고 또 감아주고 붙이는 것을 반복해야 한다.

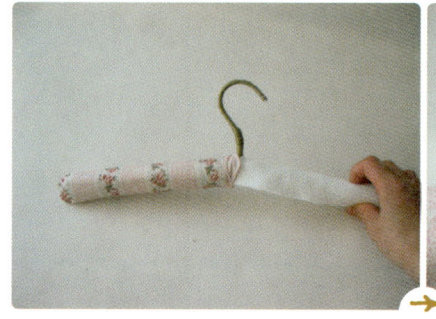 

 원단을 재단하여 겉면끼리 마주보도록 반으로 길게 접어 준 후, 그림처럼 박는다. 다 박은 후에는 뒤집어 모양을 잡고, 옷걸이 양날개에 각각 씌운다. 가운데 부분은 여미며 바늘로 몇 땀 떠서 고정시킨다.

 리본을 걸이 부분에 걸쳐 X자로 크로스 시킨다.

 크로스 시킨 리본을 뒤로 보내 한 번 묶고 리본을 맨다. 이때, 리본을 둘러주는 이유는 원단을 여민 곳을 가려주기 위한 것이므로 여민 부분이 눈에 띄지 않도록 리본을 잘 묶어야 한다.

다용도 주머니

여러 가지 주머니들을 만들어 잡다한 살림들을 정리하면 자연스러운 멋이 있는 깔끔한 공간을 연출할 수가 있다. 주머니 앞쪽에 마 원단으로 만든 라벨을 달아주면 빈티지 스타일 완성. 영수증이나 행주, 아이용 품들을 담아 보관해보면 어떨까.

재료 자투리 원단, 바느질 재료, 마끈, 연필

아이템 도면

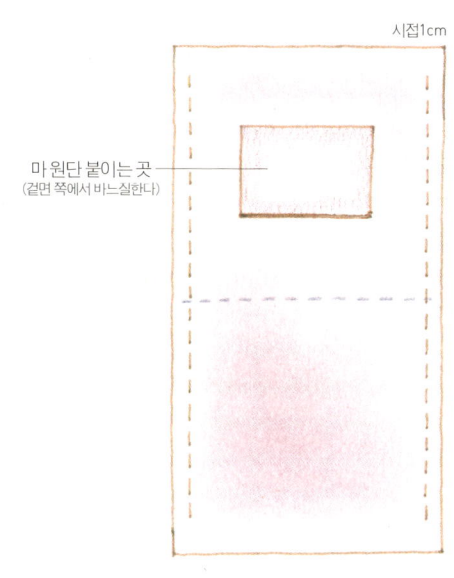
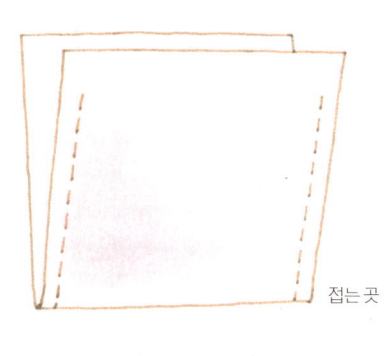
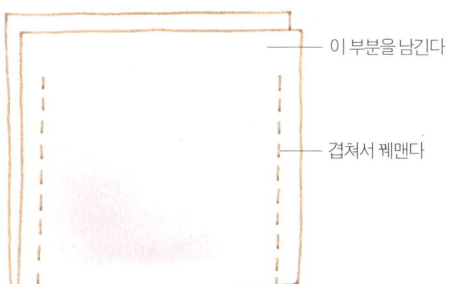

- 시접1cm
- 마 원단 붙이는 곳 (겉면 쪽에서 바느질한다)
- 접는 곳
- 이 부분을 남긴다
- 겹쳐서 꿰맨다

만드는 방법

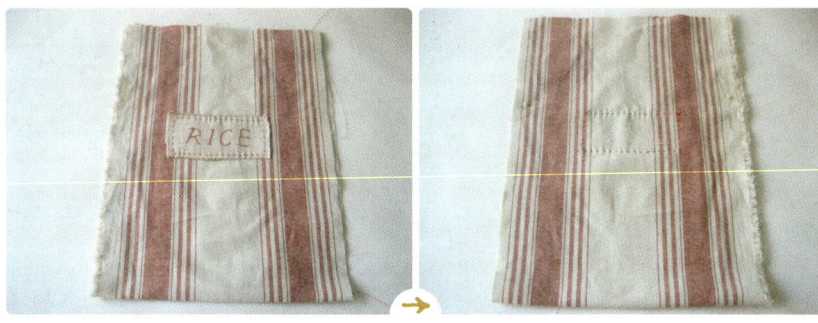

원단을 도안처럼 재단한다. 한쪽 겉면에 라벨을 달고, 원단 안쪽 면이 마주보도록 접는다.

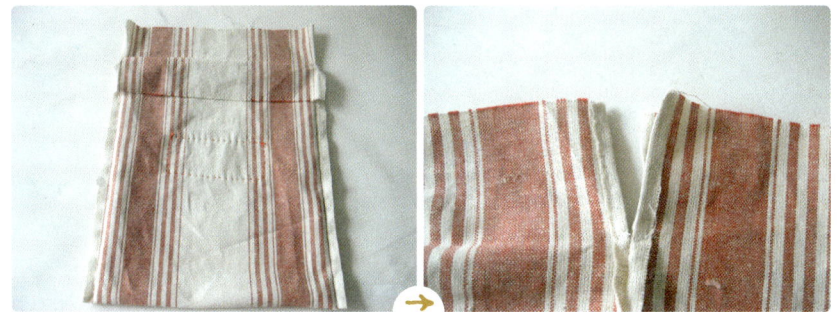

원단 겉면끼리 마주 보도록 해서 반으로 접은 다음, 윗부분의 2cm가량을 남기고 옆선을 박는다. 박은 시접은 가름솔 처리하여 다리미로 눌러준다.

남겨 놓은 윗부분은 안쪽으로 각각 접어 박고 뒤집는다. 이때 접은 곳은 끈이 통과할 구멍이므로 너무 좁지 않도록 주의해서 박아야 한다.

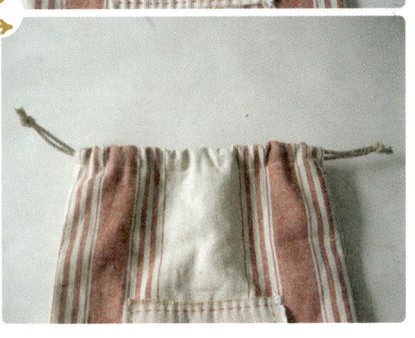

마 끈 끝에 옷핀을 달아 끈 구멍을 통과시킨다. 끈이 구멍 밖으로 나오면 양끝을 모아 묶어준다. 나머지 한 쪽도 같은 방법으로 끈을 끼워 묶는다.

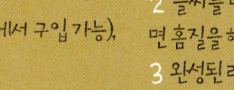 라벨 만들기

재료 마 원단(대형화방이나 포장전문점에서 구입 가능), 바늘, 실, 가위, 연필

만드는 방법
1 마 원단을 적당한 크기로 잘라 연필로 글씨를 쓴다.
2 글씨를 따라 스티치를 넣는다. 스티치가 자신이 없으면 홈질을 해도 상관없으며 약간 비뚤비뚤해도 괜찮다.
3 완성된 라벨은 원단의 겉쪽에서 달아준다.

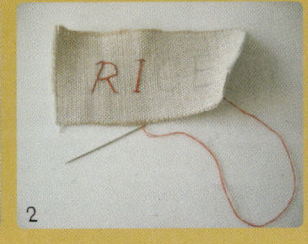

Fabric Goods | p.109

러그

바닥의 찬 기운을 덮어주고 보기에도 아늑하게 분위기를 바꾸는 일등 공신, 발매트. 욕실 앞에는 물론 소파 아래나 의자 아래 두면 인테리어 효과와 실용적인 효과를 한번에 거둘 수 있다. 집안에서 간단하게 만들어 계절마다 다른 분위기를, 공간마다 색다른 연출을 해보는 것은 어떨까?

재료 패턴지 1장, 무늬 원단 1야드, 골지 원단 2야드, 바느질 재료, 옷핀, 가위

아이템 도면

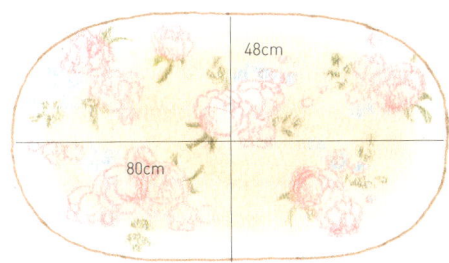

48cm / 80cm

48cm / 80cm

8cm

식서 방향

위 도안처럼 자른 원단을 아래와 같이 접어서 바이어스 테이프를 만든다

만드는 방법

도안처럼 두 가지 원단을 타원 형태로 재단한다. 타원 모양으로 재단해둔 두 가지 원단을 안쪽 면이 서로 마주 보도록 겹쳐 놓고 시침핀으로 고정시켜 놓는다.

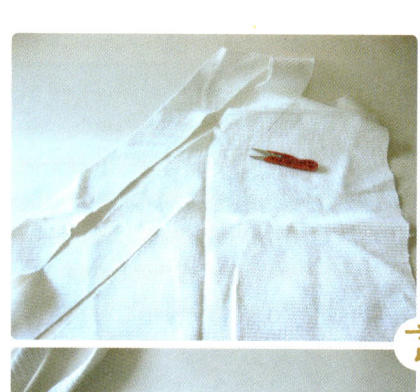
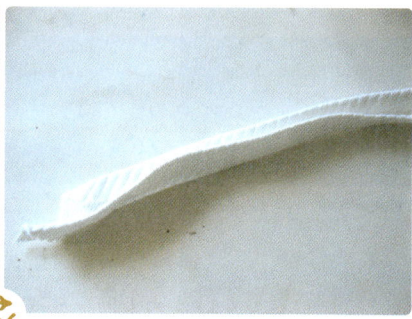

골지 원단을 폭 8cm로 사선으로 길게 여러 장 재단한다. 재단한 테이프는 결이 맞도록 서로 연결하여 반으로 한 번 접고 시접을 다시 접어서 접은 폭 2cm의 바이어스 테이프를 만들어 놓는다.

3 바이어스 테이프를 옆선에 빙 둘러 박는다. 이때, 바이어스 테이프를 너무 잡아당기면서 꿰매면 가운데 원단이 평평하지 않을 수도 있으므로 주의해야 한다.

+1 타원형 본만들기

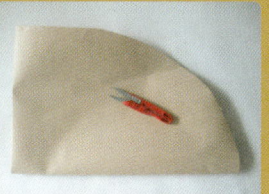

타원은 그냥 그리기는 조금 어려운 형태이다. 이럴 때에는 패턴지를 원하는 크기에 맞는 직사각형으로 자른다. 그 다음 이것을 상하로 한번 접고 좌우로 또 한번 접은 다음, 타원의 4분의 1 모양으로 자르면 된다. 종이를 펼치면 타원 모양의 본이 완성되는데, 이렇게 본을 만들어두면 다른 아이템을 만들 때에도 효과적으로 사용할 수 있다.

롤러식 수건걸이

급히 사용하다가 어느새 바닥에 떨어져 버린 수건을 경험한 적이 있을 것이다. 욕실이든 주방이든 이런 광경은 깔끔하지 못하고 비위생적이다. 이럴 땐 실용성과 장식성까지 겸비한 롤러식 수건을 만들어 걸어놓는 것도 좋은 아이디어. 무엇보다 바닥에 떨어질 염려가 없어 깔끔하다. 롤러식 수건은 손을 수건 안쪽에 넣어 닦는다.

재료 수건 원단, 무늬 원단, 바느질 재료, 가위, 옷핀

아이템 도면

23cm+시접 2cm
80cm+시접 2cm
꽃무늬원단
수건원단

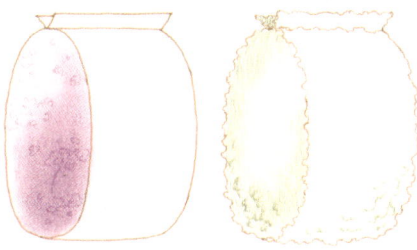

원단 안쪽이 겉으로 오도록 각각을 꿰맨 다음, 솔기는 양옆으로 벌려 다림질 한다

스텐실 딸기 문양

만드는 방법

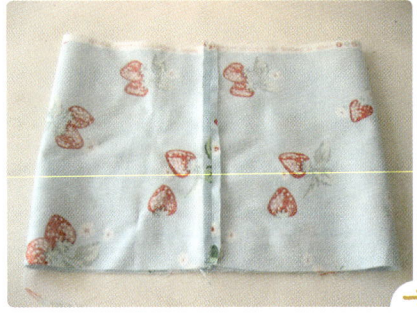 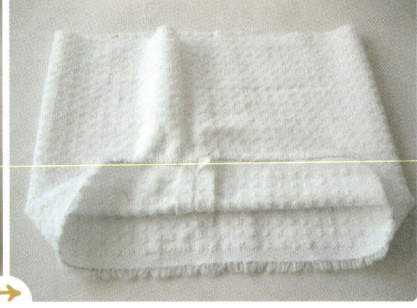

 도안처럼 수건 원단과 무늬 원단을 재단하여 끝과 끝을 이어 박아 원통 모양을 만든다. 이때, 시접은 가름솔로 처리하여 다림질 해놓는다.

 두 원단의 겉과 겉이 마주보도록 서로 겹쳐 놓고, 한쪽 옆선만 빙 둘러 박는다.

 뒤집어 모양을 잡아주고 다림질을 해놓는다. 2번에서 박았던 곳을 겉에서 한 번 더 박아준다.

 나머지 한쪽 옆선은 시접을 안으로 접어 넣어 겉에서 박는다.

+1 수건걸이 만들기

롤러식 수건을 끼웠다뺐다할 수 있는 수건걸이가 따로 없다면 랩걸이를 리폼하여 만들자.

재료 랩걸이(또는 랩걸이 반제품), 페인팅 재료, 스텐실 밑그림, 종이 2장, 곡선용 칼, 아크릴 물감(빨간색, 초록색, 흰색 또는 검정색), 스펀지 조각, 레터링 재료, 고체풀, 투명 락카(또는 바니쉬)

만드는 방법

1 랩걸이를 원하는 색상으로 페인팅한다. 비치는 종이 2장을 준비하여 각각 스텐실 본의 딸기 그림과 잎 그림을 따로따로 그려 넣는다.
2 그림을 칼로 파낸다.
3 딸기 그림을 대고 빨간색 아크릴 물감을 스펀지에찍어 스텐실 한다. 다 마르면 잎 그림을 붙이고 초록색 물감을 스펀지에찍어 스텐실한다.

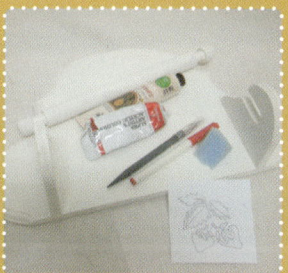

양면 협탁 러너

좌우로 길게 늘어놓는 러너가 너무 흔하다고 생각한다면 V자 형태로 앞으로 늘어뜨리는 러너에 도전해보자. 침대 협탁과 같이 폭이 넓지 않은 가구에 잘 어울릴 것이다. 가장자리에 금은사가 섞인 두툼한 파이핑을 둘러 처리하고 V자 끝에 작은 태슬을 달아주면 클래식한 분위기가 난다. 앞과 뒤를 다른 원단으로 처리하면 분위기에 따라 2가지 연출을 할 수 있어 더욱 실용적이다.

재료 원단 2가지(각각 1야드씩), 은사 파이핑 트림, 작은 태슬 1개, 바느질 재료, 가위, 옷핀

아이템 도면

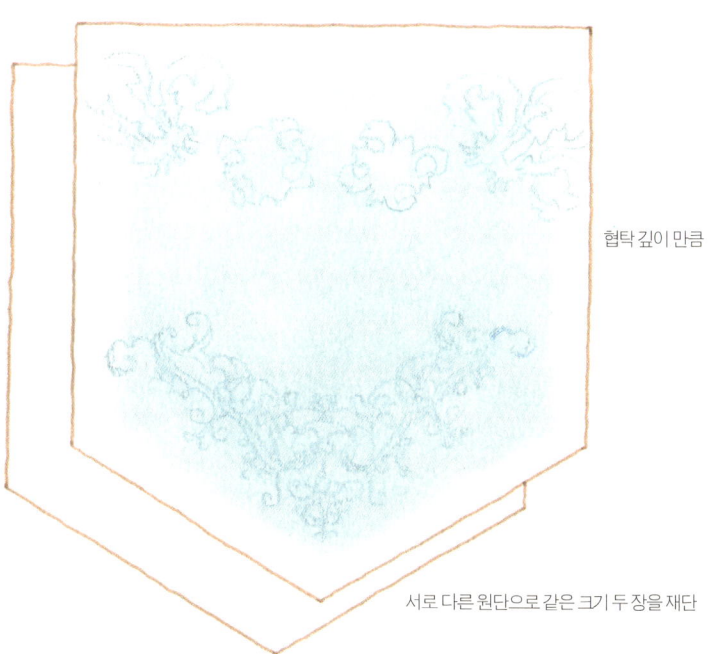

협탁 깊이 만큼

서로 다른 원단으로 같은 크기 두 장을 재단

만드는 방법

도안처럼 두 가지 원단을 재단한다. 재단한 원단 한쪽 겉면에 시접이 바깥쪽을 향하도록 파이핑을 둘러 시침질 해놓는다. 꺾어지는 부분은 파이핑 시접에 가위집을 넣어 잘 꺾이도록 처리한다.

다른 한쪽 원단도 겉면이 서로 마주보도록 겹쳐놓는다. 이때, V자로 내려오는 부분 끝에 원단과 원단 사이에 태슬을 미리 달아놓는다. 태슬은 술이 안쪽으로 들어가도록 놓고 박아야한다.

겹쳐 놓은 원단을 위쪽에 10cm가량 창구멍을 남기고 바느질 선을 따라 박는다. 꺾어지는 부분은 가위집을 넣어야 나중에 모양이 예쁘게 살아나므로 주의한다.

창구멍을 통해 뒤집고 나서 모양을 가다듬어 다림질 하고 창구멍을 막는다.

> **Tip Box** 원단을 서로 겹쳐 박을 때는 파이핑의 두꺼운 부분 바로 옆에 바싹 대고 바느질을 해야 한다. 바싹 대지 않고 박으면 나중에 뒤집었을 때 파이핑의 시접이 보일 수 있기 때문이다. 뒤집었을 때 시접이 보이지 않고 깔끔해야 정상이다.

냅킨

분위기 있는 상차림이나 주방 연출용으로 자주 사용되는 냅킨. 다양한 스타일의 냅킨을 만들어 사용하면 분위기에 따라 잘 활용할 수 있을 것이다. 민자 냅킨을 리본으로 간단히 리폼하여 모던한 분위기로 사용해도 좋고, 원단 두 가지를 배색하여 만들어도 멋스럽다.

재료 원단 2가지(클래식 무늬, 체크 무늬), 바느질 재료, 자, 가위, 옷핀

아이템 도면

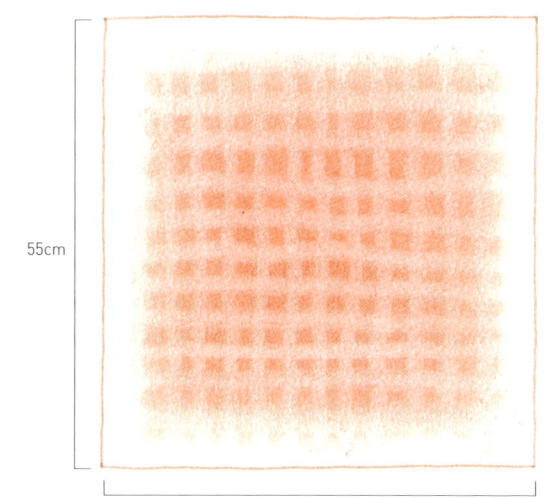

55cm × 55cm

체크 원단

45cm × 45cm

클래식 원단

만드는 방법

1. 도안처럼 원단을 재단한다. 클래식 무늬 원단이 위로 오도록 원단 두 장을 안쪽 면끼리 마주 보게 겹쳐 놓는다.

2. 체크무늬 원단의 시접을 2번 접어 다림질 해놓는다.

3. 겉에서 양옆을 먼저 박는다.

모서리 부분은 삼각 형태로 접어 나머지를 박는다.

+1 냅킨 링 만들기

색상이 예쁜 작은 타일을 이용해서 독특한 냅킨링을 만들어보자.

재료 작은 조각타일, 공단리본, 가위, 글루건, 라이터

만드는 방법
공단 리본을 냅킨 둘레에 묶을 수 있는 여유를 생각하여 적당한 길이로 자른 뒤, 양끝은 라이터로 처리한다. 작은 타일 조각들을 글루건으로 리본에 붙인다.

오리엔탈 등갓

방을 새로 꾸며놓고서도 마땅히 어울리는 조명을 찾지 못해서 고민한 적이 있을 것이다. 흔한 조명이 아닌 개성 있고 독특한 조명을 찾는다면 동양적인 멋의 조명 갓을 만들어보자. 신비한 분위기를 자아낼 것이다.

재료 공단 원단 2가지(오리엔탈 무늬, 단색), 와이어 약간, 비즈 트림 1야드, 바느질 재료, 리본, 레이스 트림, 폭 1cm의 양면테이프, 비닐테이프.

아이템 도면

만드는 방법

도안처럼 원단을 재단한 다음, 무늬 공단과 단색 공단을 겉면끼리 마주대고 꿰매어 연결한다. 연결한 원단을 펴서 시접을 가름솔로 가르고 다림질 해놓는다.

아랫단 시접을 접어 다림질하고 비즈 트림을 달아준다.

겉면이 안으로 가도록 접어 옆선을 박는다. 다 박은 후, 시접은 가름솔로 처리한다.

원통 형태가 되면 윗단을 안으로 접어 창구멍을 5cm 가량 남기고 바느질한다. 창구멍을 통해 와이어를 끼운다. 둥근 형태를 잡아가며 끼우고, 다 끼운 와이어의 끝은 잘라 다른 끝과 맞닿도록 테이프를 감아 연결시킨 다음, 창구멍을 막는다.

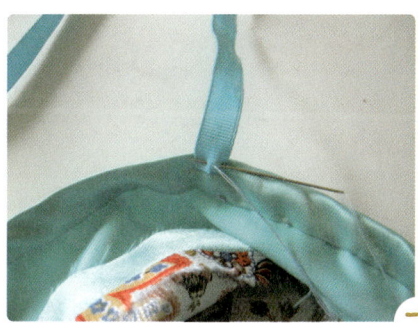

끈이나 리본을 달아 걸이를 만들고, 아랫단에 양면테이프를 이용하여 레이스 트림을 둘러 붙여 바느질 선을 가린다.

Tip Box 천장에 고정시킬 때에는 천장에 금속 걸이를 부착시킨 뒤, 등갓 안에 전구가 오도록 하여 걸이에 걸어 주면 된다. 등갓이 있는 조명이라면 원래 등갓 대신에 오리엔탈 등갓을 걸면 된다.

향주머니

집안 곳곳을 향기로 채우고 싶다면 포푸리를 이용해보자. 버려지기 쉬운 자투리 원단으로 주머니를 만들고 그 안에 포푸리를 담아두면 어떨까. 여러 개를 만들어 옷장이나 거실 테이블, 화장실 등 향이 필요한 공간에 놓아두면 방향제와는 달리 인위적인 향이 아닌 은은하고 자연스러운 향이 집안 곳곳 가득할 것이다.

재료 자투리 원단, 레이스 원단(약간), 포푸리 1봉지, 장식줄(꽃줄 또는 리본테이프 등), 바느질 재료, 각도기, 메모지 1장, 가위, 옷핀

아이템 도면

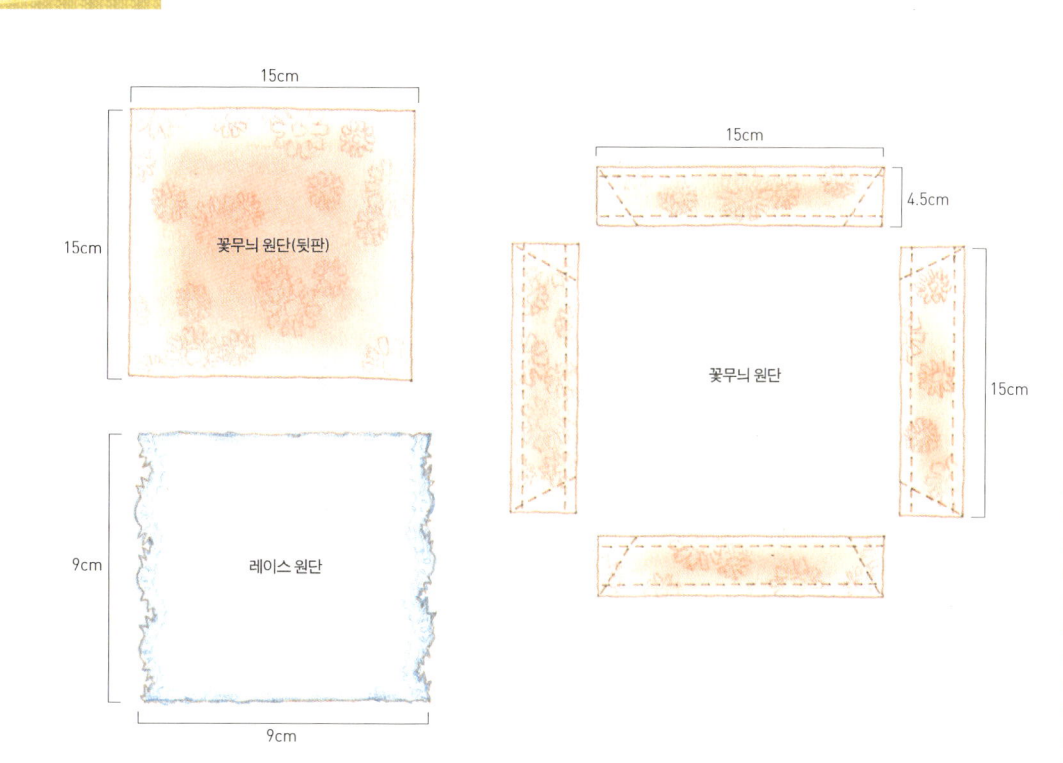

만드는 방법

 도안처럼 원단을 재단한다. 재단된 앞판 조각들의 안쪽 시접을 먼저 접어 박고, 사선 부분을 서로 이어 박는다. 시접은 가름솔로 처리한다.

 창 안쪽에 레이스 원단을 대어 꿰매고 창 가장자리를 따라 장식 줄을 두른다(경우에 따라서 겉에서 달아야 하는 장식줄이 있고 안쪽에서 달아야 하는 것이 있는데 안쪽에서 달아야 하는 장식줄은 레이스 원단을 덧대기 전에 미리 박아놓아야 한다).

3 앞판과 뒤판의 겉면끼리 마주 대고 꿰맨다. 이때, 나중에 뒤집을 창구멍을 5cm가량 남기고 뒤집어 모양을 잡아준다.

4 안에 포푸리를 채운 후 창구멍을 막고 작은 코사지를 달아준다.

5 **Tip Box** 자투리 리본들로 코사지를 만들어 달면 버려지는 리본도 알뜰하게 활용하고 더욱 예쁘게 꾸밀 수 있어 일석이조다.

Part 5
Home Decorating

사진 속에 나올 듯한 예쁜 집 꾸미기

잡지를 넘기다 보면 저 집은 어떻게 저렇게 꾸몄을까 하는 생각이 절로 들만큼 너무나 예쁜 집이 눈에 띄곤 하지요. 그러나 꼭 많은 돈을 들여 인테리어를 바꿀 필요 없이 몇 가지 포인트가 되는 소품만으로도 집 분위기를 바꿀 수가 있답니다. 이 장에는 알뜰살뜰 저렴하게 분위기를 바꿀 수 있는 각종 장식용품을 소개하고 있습니다. 마음에 드는 아이템 한두 가지에 직접 도전해서 마치 카페에 있는 것처럼, 집 분위기를 바꿔보면 어떨까요.

화장대 거울

벽걸이형으로 된 거울 대신 화장대 위에 세워 사용하는 아담한 거울로 좀 더 로맨틱한 분위기를 만들어보자. 세 폭으로 나뉜 거울은 한 면으로만 된 거울보다 여성스럽고 우아하게 느껴진다. 여기에 고급스러운 몰딩을 달면 고전적인 멋이 더해질 것이다. 크기 조정이 가능하므로 원하는 사이즈로 만들어보자.

재료 캔버스틀 3개(가운데용 긴 것 1개, 양옆용 작은 것 2개), 중형 경첩 4개, 경첩 못, 망치, 침대 헤드용 긴 몰딩 1개(또는 작은 몰딩 3개), 톱날 커터, 페인팅 재료, 사포, 흰색 펠트지, 맞춤 거울 3장, 타커, 글루건

만드는 방법

 긴 캔버스틀을 가운데 놓고 양쪽에 작은 캔버스틀을 놓아 자리를 잡아본다. 경첩으로 연결하여 거울 프레임을 만든다.

 프레임을 페인팅 하고 충분히 건조되면 글루건으로 거울들을 부착한다. 이때, 글루건 잔여물이 빠져나오지 않도록 조심한다.

 거울이 다 고정되고 나면 펠트지를 거울보다 사방 1센티미터 정도 여유 있게 재단하여 거울 뒤에 대고 가장자리를 타커로 죽 박는다.

 몰딩을 길이에 맞게 잘라 사포로 깨끗하게 다듬은 다음, 페인팅 한다. 본드나 글루건을 이용해 몰딩을 프레임에 붙인다.

와이어 샹들리에

와이어와 비즈로 된 샹들리에를 직접 만들어보자. 공예용 철사인 '아트 와이어'는 원하는 모양을 마음대로 디자인 할 수 있다는 장점이 있다. 이 아트 와이어로 틀을 만들고 색상이 예쁜 비즈들로 장식하면 감각적인 샹들리에가 탄생한다. 계절에 따라 비즈 색상을 달리하면 적은 비용으로 최대의 효과를 누릴 수가 있다.

재료 4mm 굵기의 검은색 아트 와이어 10m, 1mm 굵기의 검은색 와이어 1롤, 보라색 팽이비즈 42개, 6mm 투명 구슬 100개짜리 1봉지, 강력접착제, 호일심, 전구, 소켓, 전선, 절연테이프, 와이어 집게, 펜치, 스티로폼 판

아이템 도면

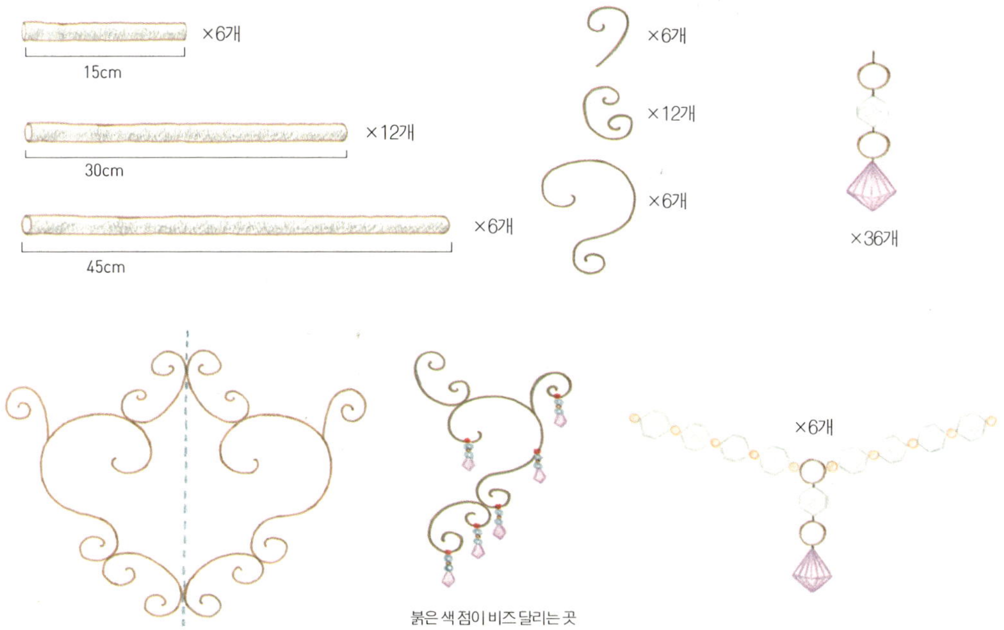

- 15cm ×6개
- 30cm ×12개
- 45cm ×6개
- ×6개
- ×12개
- ×6개
- ×36개
- ×6개

붉은색 점이 비즈 달리는 곳

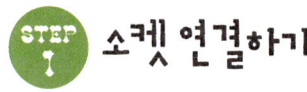 소켓 연결하기

만드는 방법

전선과 콘센트, 소켓이 달린 전선을 준비한다. 소켓이 달린 전선은 반으로 자른다.

 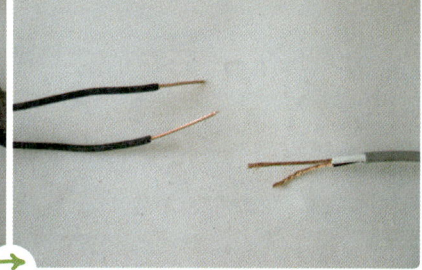
2개로 잘린 전선의 피복을 각각 벗겨놓는다.

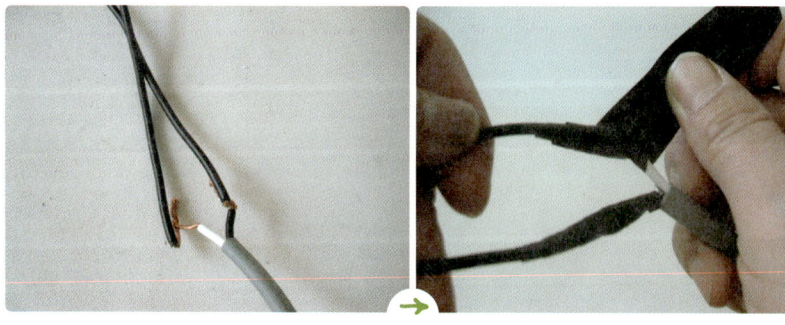
새로운 전선의 피복을 벗겨 구리선이 드러나면 소켓에 연결된 전선과 각각 하나씩 꼬아 연결한다. 구리선을 전선에 바싹 붙이고 구리선이 밖으로 전혀 드러나지 않도록 절연 테이프로 꼼꼼하게 감는다.

 프레임 만들기

만드는 방법

와이어를 도안처럼 재단해 놓는다. 호일심에 감아 큰 곡선을 만들고 끝은 와이어 집게로 구부려 마무리 한다. 구부릴 때는 모양이 완벽하게 일치해야 나중에 예쁘게 완성이 되므로 첫 번째 구부린 것을 기준삼아 수시로 대어 보면서 똑같이 만든다.

작은 S자 모양 12개와 큰 S자 모양 6개, 9자 모양 6개를 위의 방법대로 만들어 놓는다.

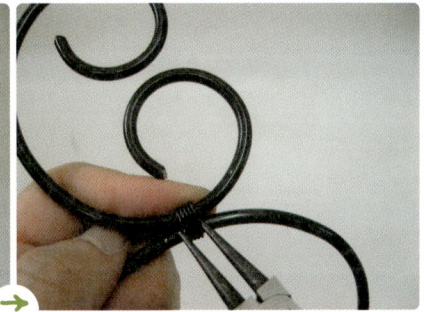

2에서 만든 곡선 모양 와이어들을 도안을 참조하여 조립한다. 와이어들을 연결할 때에는 얇은 와이어를 꽉 잡아당기면서 감은 다음, 집게로 눌러 마무리한다.

만드는 방법

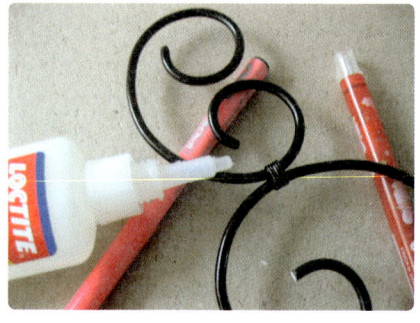

연결 부위들을 접착 처리한다(촛대 걸이 접착처리 부분 참조).

와이어틀이 6개가 완성되면 스티로폼 틀에 흠을 내어 거꾸로 꽂아놓는다. 스티로폼에 흠을 낼 때에는 각도기를 이용하여 정확한 6각형 모양으로 만드는 것이 유리하다.

꽂아놓은 와이어들의 끝을 모두 잡아 얇은 와이어를 이용하여 묶는다. 묶는 방법도 얇은 와이어를 길게 잘라 충분히 감아줘야 튼튼하며 끝은 꼬아주어야 한다. 그 다음 접착제를 발라 고정시킨다.

접착제가 마르면 6을 뒤집어 꽂는다. 벌어진 와이어 살 사이에 소켓 연결한 전선을 넣고 와이어 살들을 모아 함께 묶어준다. 묶은 후에는 반드시 접착처리한다.

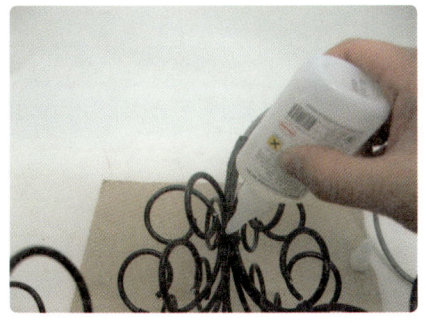

6개의 살들이 일정한 간격대로 잘 고정이 되었는지 살펴보고, 움직이는 와이어가 있는 경우엔 다시 한 번 접착 처리를 해서 흔들리지 않도록 완벽하게 고정시키는 것이 중요하다.

STEP 3 펜던트 만들기

만드는 방법

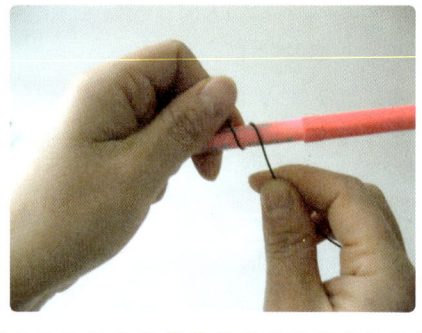

얇은 와이어를 12~13cm로 잘라 끝에서 1.5cm정도를 남긴 지점을 볼펜에 어슷하게 감아 고리를 만든다.

만든 고리에 팽이비즈를 끼우고 벌려진 와이어를 돌려 오므려준다.

길게 남은 와이어 쪽에 투명비즈를 끼우고 끝을 마찬가지로 볼펜에 감아 고리를 만들어 돌려준다. 불필요하게 남은 와이어는 잘라낸다. 이런 식으로 팬던트형 36개를 만든다.

STEP 4 체인 연결하기

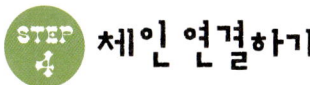

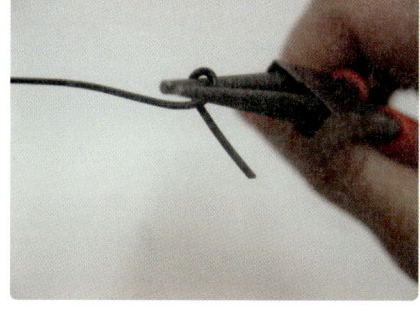

얇은 와이어를 10cm가량 잘라 끝에서 1cm를 남긴 지점을 집게로 잡아 돌려 작은 고리를 만든다. 작은 고리가 만들어지면 짧은 쪽 와이어를 감아 고리를 막는다.

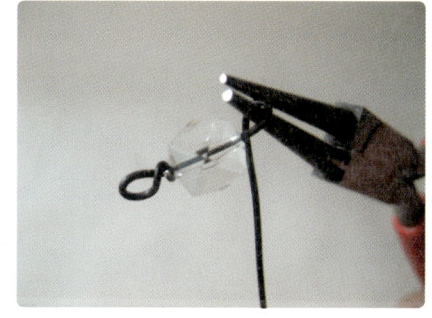

투명비즈를 끼우고 나머지 와이어도 집게로 감아 고리를 만들고 오므린다. 마찬가지로 1~2의 과정을 반복하여 만든 것을 끝을 오므리지 않은 상태에서 먼저 만들어놓은 것과 연결한다.

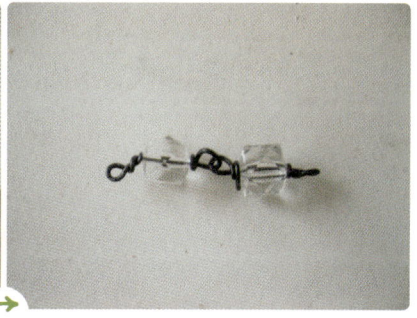

끝은 다시 감아 오므려주고 불필요하게 남은 와이어 끝은 잘라 마무리한다. 같은 방법으로 여러 개를 이어주면 체인이 완성되는데, 이런 식으로 체인형 6개를 만든다. 체인의 양끝은 집게 대신에 볼펜에 감아 동그란 고리로 만들어주면 된다. 이렇게 만든 체인과 펜던트를 와이어틀에 매달면 완성.

방문걸이

방문걸이는 집안 곳곳의 위치를 표시하기보다는 장식적인 목적이 더 큰 아이템이다. 그러나 화장실 처럼 손님이 왔을 때 자주 이용하는 공간을 미리 표시해두면 안주인의 센스가 돋보일 것이다. 돈 안들이고 간단히 만들 수 있는 방문걸이로 집안을 예쁘게 장식해보자.

재료 두께 3mm의 폼보드, 나무 무늬 시트지, 펠트지, OH 필름지, 고체풀, 리본, 아크릴 물감, 작은 붓(세필붓), 문패 모양본, 곡선용 칼, 가위

아이템 도면

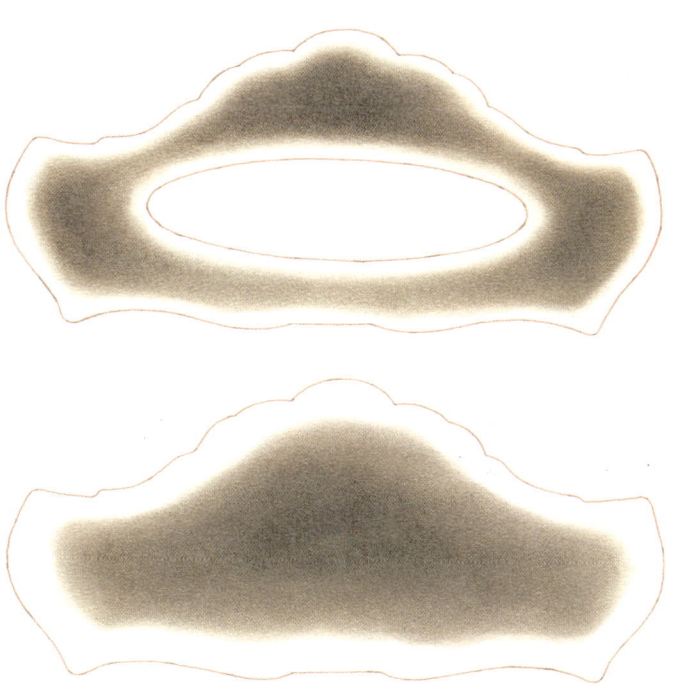

만드는 방법

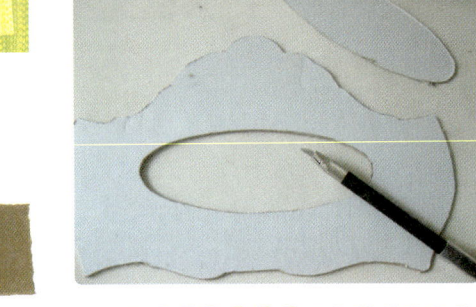

도안을 참조하여 실물 크기의 본을 그린다. 본을 폼 보드에 대고 그려 곡선용 칼로 잘라낸다.

오려낸 폼보드에 나무 무늬 시트지를 붙이고 가운데 창을 잘라낸다.

아크릴 물감으로 문양을 넣어 입체감을 살린다.

뒷면 쪽에서 OH 필름지를 창에 붙인다.

글씨를 오려 붙인다. 글씨는 컴퓨터로 작업한 것을 출력해도 되고, 잡지에서 오려 만들어도 된다.

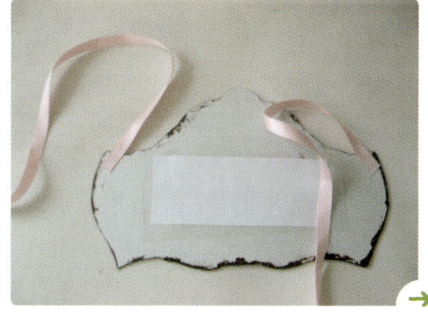 

리본을 잘라 붙이고, 펠트지를 본대로 오려 뒷면에 붙여 마무리 한다.

> **Tip Box** 아크릴 물감을 사용하여 입체감을 살리는 문양을 그릴 때, 명암이 다른 세 가지 정도의 색상을 만들어 사용한다. 어두운 톤은 그림자, 밝은 톤은 하이라이트 효과를 주게 되므로 방향을 잘 고려하여 차례대로 그려준다.

장식 사다리

인테리어 관련 화보를 보면 자주 등장하는 목가적 느낌의 사다리. 장식효과가 뛰어나고 옷, 수건 등을 걸 수 있는 용도로 활용할 수 있는 다목적 아이템이다. 주변에서 쉽게 구할 수 있는 재료로 예쁘고 튼튼한 나만의 사다리를 만들어보자. 사다리 하나만으로 개성 있는 꾸밈이 될 것이다.

재료 각목 긴 것 2개, 얇은 각재(패널), 사포, 목공본드, 페인팅 재료, 못, 망치

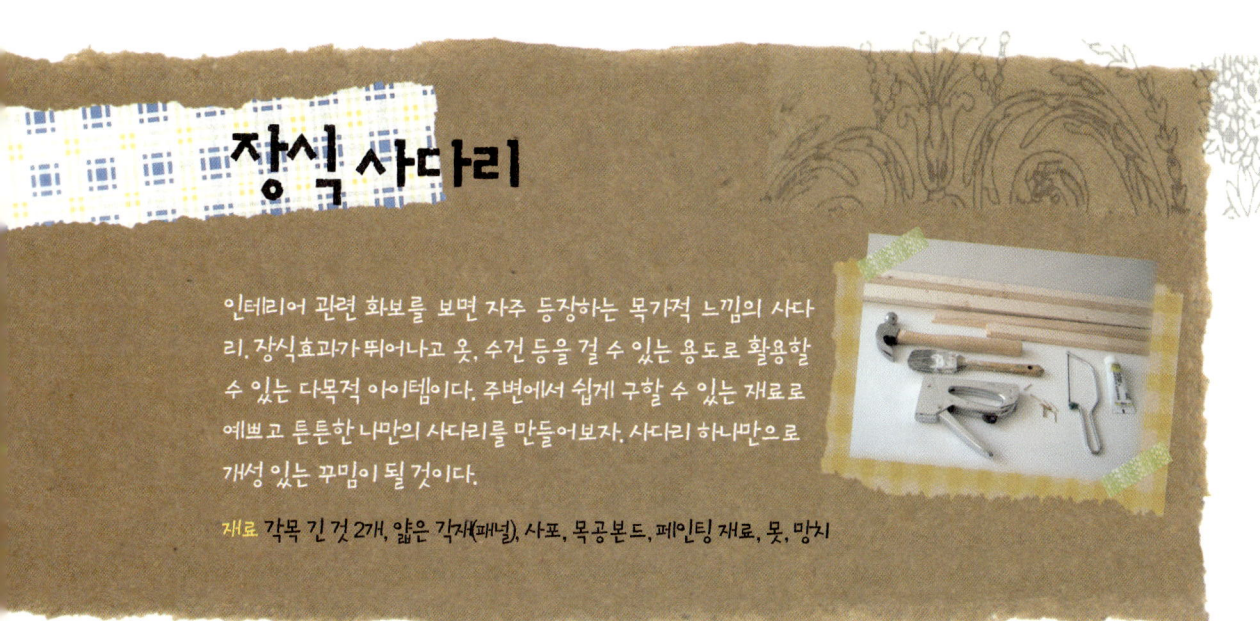

만드는 방법

 각목 2개를 사다리꼴 모양으로 놓고 두께가 얇은 각재를 기둥 위에 놓아 양옆으로 약간 튀어 나올 만큼의 길이로 재단한다.

 재단한 각재들을 본드와 못을 이용해서 기둥에 차례대로 고정시킨다. 이때, 간격을 일정하게 잘 맞춰줘야 보기에 좋다.

 원하는 색상으로 페인팅 한다.

casual home
CAFE STYLE

장식어닝

어닝은 비교적 만들기 쉬우면서도 인테리어 효과가 아주 뛰어난 아이템이다. 이런 어닝을 폼보드를 이용해 틀을 만들고 바느질이 필요 없이 원단을 붙이는 것만으로 간단하게 만드는 방법을 소개한다. 폼보드는 다루기가 좋고 가벼워서 설치하기도 편하다. 청지와 레터링을 이용하여 캐주얼 감각의 어닝을 만들어보자.

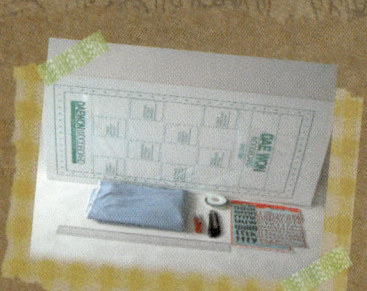

재료 두께 1cm의 폼보드 1장, 본드, 원단 1야드, 강력 양면테이프, 폭 1cm 양면테이프, 고체풀, 레터링 재료(사용제품-판박이형 레터링)

아이템 도면

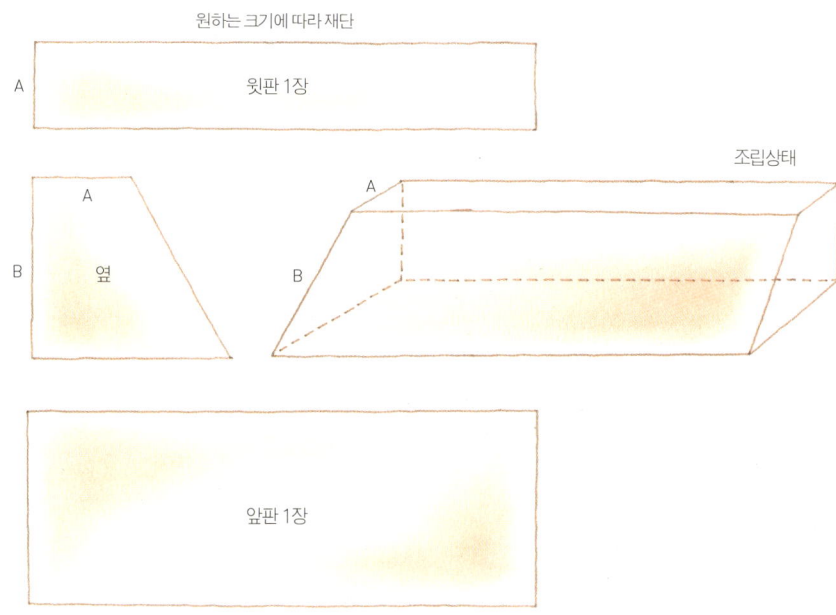

만드는 방법

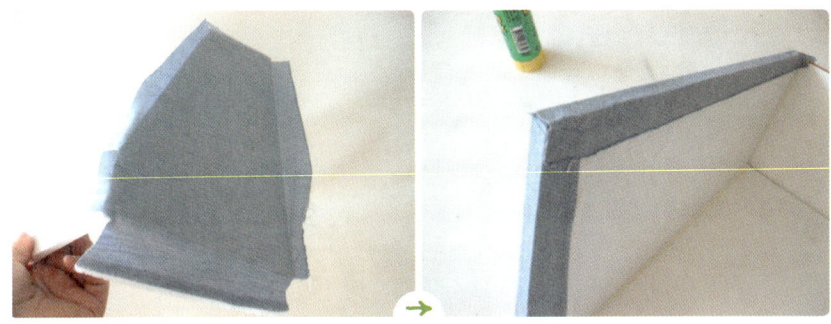

도안과 같이 폼보드와 원단을 재단한다. 폼보드 조각들을 강력 양면테이프를 사용해서 그림처럼 붙인 다음, 어닝 틀의 양 옆면에 풀을 칠하고 재단한 원단을 붙인다. 시접의 네 귀퉁이는 가위집을 넣어 안쪽으로 깔끔하게 접어 붙인다.

앞판에 붙일 원단은 양 옆선에만 양면테이프를 이용하여 시접을 접어 붙인다.

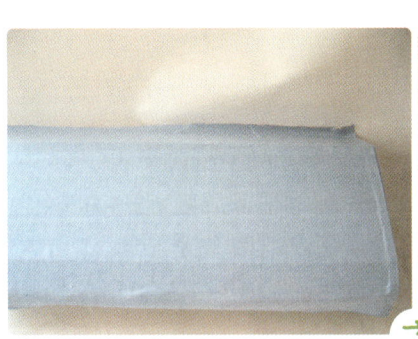

어닝 틀의 앞판과 위판에 고체풀을 골고루 바르고 원단을 붙인다. 시접 부분은 틀 안쪽으로 접어 붙인다.

앞판 원단에 레터링할 글씨를 찾아 놓는다.

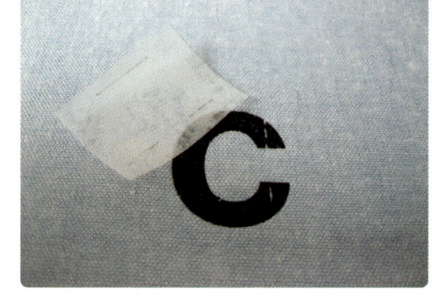

어닝 앞판에 원하는 글씨를 레터링 해준 다음, 어닝 틀 뒷면에 강력 양면테이프를 군데군데 붙여 원하는 곳에 설치하도록 한다.

Tip Box 어닝은 만들기도 쉽지만 원단과 모양에 따라 여러 가지 스타일을 연출할 수가 있다. 청지나 스트라이프는 캐주얼한 느낌, 꽃무늬와 핑크 톤은 여성스러운 느낌을 주며, 화이트는 깨끗한 느낌을 준다. 레터링을 이용하여 카페 분위기를 내거나 아랫단에 레이스 또는 스캘럽 처리를 하여 로맨틱하게 만들 수도 있다.

미니액자

폭신폭신 사랑스러운 느낌의 패브릭 액자는 로맨틱한 거실이나 베이비 룸에도 잘 어울린다. 티슈 케이스의 휴지 뽑는 입구 부분은 타원형으로 되어 액자 틀로 활용하기에 안성맞춤. 달콤한 무늬의 원단을 골라 폭신한 느낌과 잘 어울리도록 하는 것이 포인트다. 리본으로 마무리하면 사랑스러움이 더해진다.

재료 소형 티슈 케이스, 원단, 퀼트솜, 하드보드 1장, 도화지 1장, OH 필름지 1장, 고체풀, 글루건, 리본, 클립, 가위

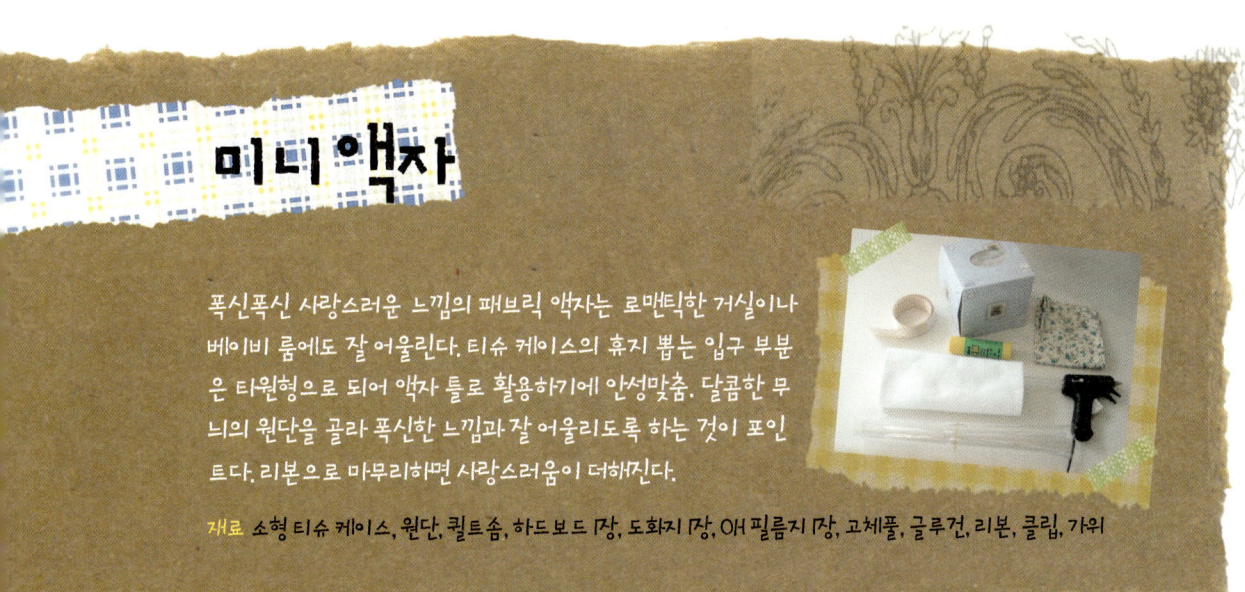

만드는 방법

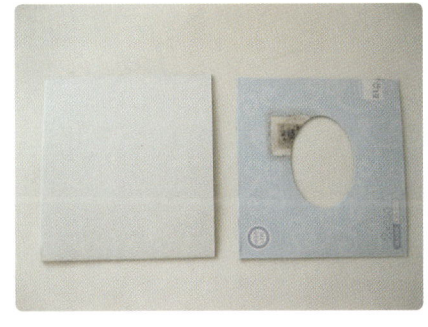

티슈 케이스의 입구 부분을 오려내 액자틀을 만든다. 하드보드지와 도화지를 같은 크기로 잘라 붙여 놓는다.

고체풀로 퀼트솜을 액자틀에 붙이고 타원 부분을 가위로 깔끔하게 오려낸다.

만드는 방법

3 액자틀을 넉넉하게 감쌀 만큼 원단을 재단하여 액자틀에 붙인다.

4 원단 한 면만 틀 뒷부분에 붙이고 반대쪽은 클립으로 고정해둔다. 원단 가운데 부분을 가위로 오려내는데 가위집 넣을 만큼의 시접을 남겨둔다. 타원 부분 시접에 가위집을 넣는다.

5 가위집 넣은 것을 풀로 단단하게 붙인 다음 클립을 빼고 타원 부분에 OH 필름지를 붙인다.

액자틀과 같은 크기의 도화지 1장, 하드보드지 1장과 액자틀을 감쌀 수 있는 정도의 원단을 각각 준비한다. 도화지 쪽만 원단으로 완전히 감싸주는 요령으로 이 두 종이를 연결하여 놓는다.

6의 하드보드지 부분을 5 위에 겹쳐 놓고(5에서 시접을 풀로 붙인 쪽이 도화지 붙인 쪽으로 오도록 둬야 한다) 원단의 나머지 시접은 접어 붙인다.

도화지를 내려 붙인다. 하드보드에 원단을 씌운 액자 받침대를 글루건으로 붙이고 리본으로 꾸민다.

Tip Box 나비 리본을 만들려면 굵은 리본을 잘라 원통을 만들듯이 끝을 서로 연결한다. 이 때는 글루건이나 양면테이프를 이용하면 된다. 가운데를 고정시키고 주름을 잡은 뒤, 다시 리본을 잘라 가운데 양면테이프를 붙이고 양끝단을 접어 좁은 리본을 만든다. 굵은 리본 가운데에 좁은 리본을 두른 다음 고정시킨다.

# 보석함

보기만 해도 너무 앙증맞은 작은 사이즈의 보석함. 커다란 보석함에 액세서리를 담는 것도 좋지만, 자주 끼는 반지나 목걸이 같은 경우는 전용 보석함에 두는 것이 때로는 더 편리하다. 재활용 용기를 이용한 보석함은 화장대 위에 놓아 반지들을 수납하거나 바늘꽂이로 사용해도 손색 없는 예쁜 소품이 될 것이다.

재료 납작하고 둥근 철재 사탕 용기, 자투리 원단(무늬 원단, 공단 원단), 도화지, 솜, 고체풀, 폭 1cm의 양면테이프, 작은 구슬 1개, 공단 리본, 라이터, 글루건, 펠트지, 쪽가위, 글루건

만드는 방법

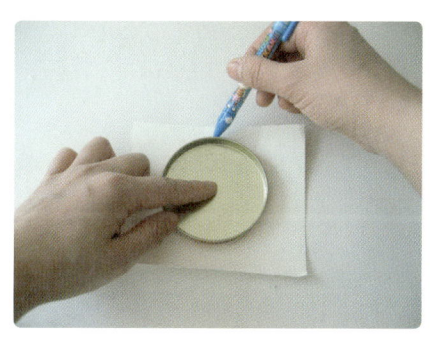

도화지에 사탕 용기 뚜껑을 대고 그려 오려낸다.

오려낸 부분에 고체풀로 솜을 붙인다.

만드는 방법

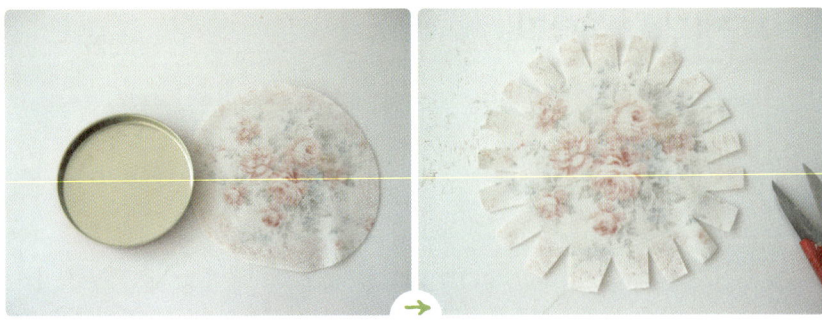

오려낸 도화지보다 약간 더 크게 원단을 재단하여 가장자리에 가위집을 촘촘하게 넣는다.

가위집을 솜 붙인 도화지에 붙인다. 고체풀을 이용하거나 잘 붙지 않는 원단일 경우엔 글루건을 사용해도 무방하다.

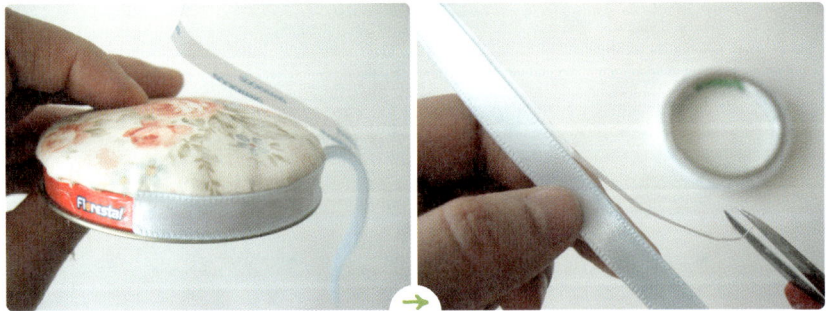

도화지에 원단이 다 붙으면 이것을 사탕 용기 뚜껑에 글루건으로 붙이고 옆면은 양면테이프를 이용하여 리본을 둘러 붙인다. 이때, 리본 양끝은 라이터 처리를 해줘야 하며 양면테이프는 리본 폭에 딱 맞게 붙여야 한다. 리본 폭에 비해서 양면테이프가 넓으면 남는 부분을 잘라내야 한다.

용기 안쪽에도 리본을 둘러준다.

용기 밑바닥의 본을 떠 오려낸 뒤 뚜껑과 마찬가지로 도화지에 솜을 붙여 원단을 씌워준다. 가운데에 작은 구슬을 달아 입체감을 살린다. 원단이 다 붙으면 글루건으로 용기 안쪽에 붙여준다.

밑바닥에 펠트지를 붙이고 용기 겉 옆면에도 양면 테이프로 리본을 둘러 마무리 한다.

Tip Box 만약 뚜껑이 없는 용기를 사용하려고 할 때, 도화지만으로 뚜껑을 만들기엔 다소 약하므로, 하드보드지에 솜을 붙이고 원단을 씌운다. 만약 통의 깊이가 깊으면 용기 안쪽에 넣는 솜원단의 깊이도 더 깊어져야 하므로 솜의 깊이를 두툼하게 한다.

꽃등

꽃등은 만들기는 간단한 반면, 지나치게 고가인 아이템이다. 이젠 재료만 준비해서 손수 만들어보자. 리스틀(또는 꽃 로핑 감아놓은 것)과 조화만 있으면 누구나 만들 수 있고, 오랫동안 즐길 수 있어 알찬 아이템. 베란다 천장에 달린 꽃등 하나만으로 별 다른 장식 없이 로맨틱함이 물씬 풍길 것이다.

재료 지름 25cm의 리스틀, 꽃송이가 큰 조화다발 2개, 꽃송이가 작은 조화다발 1개, 아이비 로프 1개, 작은 꽃 로프, 글루건, 펜치

만드는 방법

1. 조화다발에서 가지를 조금 길게(2~3cm 가량) 잘라서 꽃송이들을 잘라낸다. 꽃송이들을 리스틀에 대어 위치를 미리 정해둔다.

2. 꽃송이의 뒷면에 글루건을 쏘아 리스틀에 꽂아 고정시킨다. 작은 꽃과 아이비 가지를 알맞게 잘라 꽃송이 사이의 빈 공간에 붙인다.

3. 잎사귀들을 잘라 위쪽에 골고루 붙인다.

4. 꽃 로프를 잘라 줄을 만든 다음, 리스틀에 달아준다.

장식용 랜턴

초를 담아 불을 밝히는 랜턴은 예쁜 장식 소품이다. 그러나 꼭 새 제품을 구입해서 사용할 필요는 없다. 의외로 간단한 재료만으로 만들 수 있는 아이템이 바로 장식용 랜턴이기 때문. 빈 유리병을 활용해보자. 비즈 트림을 두르면 초에 불을 밝힐 때마다 은은하게 반짝일 것이다.

재료 큰 유리병 1개(입구가 넓은 것), 양초 1개, 와이어 약간, 길게 늘어지는 비즈 트림, 펜치, 와이어 집게, 폭 1cm 양면 테이프, 커터, 글루건

만드는 방법

빈 유리병 목 둘레에 비즈 트림을 미리 대보고 필요한 길이만큼 잘라둔다. 비즈 트림의 리본 부분에 얇은 양면테이프를 붙여놓는다. 리본보다 양면테이프가 넓은 경우, 불필요한 부분은 깔끔하게 오려내야 한다.

비즈 트림을 유리병 목둘레에 꼼꼼하게 붙인다.

만드는 방법

와이어를 유리병 입구에 대고 둥글게 말아 길이를 잰다.

와이어로 반달 모양 틀을 만든 다음, 양끝을 펜치로 눌러서 둥글게 말아준다.

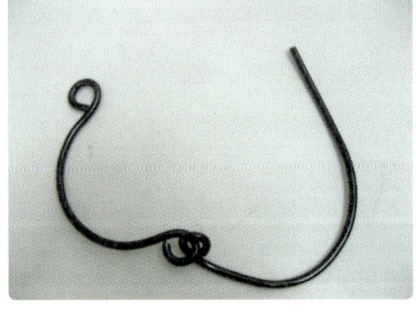

같은 크기의 와이어를 하나 더 재단하여 한쪽 끝을 구부려 서로 연결한다.

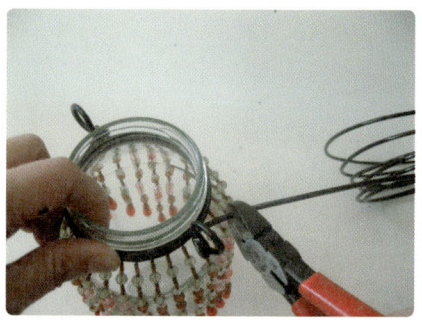

6 병 입구에 대어 나머지 한쪽 끝을 펜치로 눌러 연결시킨다. 이때 와이어가 흔들리지 않을 정도로 꽉 조여야 튼튼하다.

7 와이어로 된 손잡이를 만들어 고리에 끼운다. 양초를 잘라 글루건으로 병 밑바닥에 고정시킨다.

Tip Box 비즈를 두르는 것 대신 겉에 레이스를 두르거나 양초를 세우고 난 빈 공간을 작은 자갈로 채워놓아도 된다. 병뚜껑을 버리지 않고 다른 색으로 색칠하여 사용하지 않을 때 덮어 놓으면 깔끔하게 사용할 수가 있다.

화분꽂이

식물에도 작은 이름표를 달아 보도록 하자. 플라스틱이 아닌 나무는 자연주의 혹은 컨트리 컨셉과도 너무 잘 맞는 소재이다. 아이스바 막대는 나무로 된데다 길쭉하여 화분꽂이대로 활용하기 적당하고 흑판은 썼다 지웠다 할 수 있어 실용적이다. 이런 특성을 살려 정겨우면서도 앙증스러운 화분꽂이를 만들어보자.

재료 아이스바막대, 흑판 자투리, 톱날 커터, 사포, 목공 본드, 아크릴 물감, 작은 붓, 자

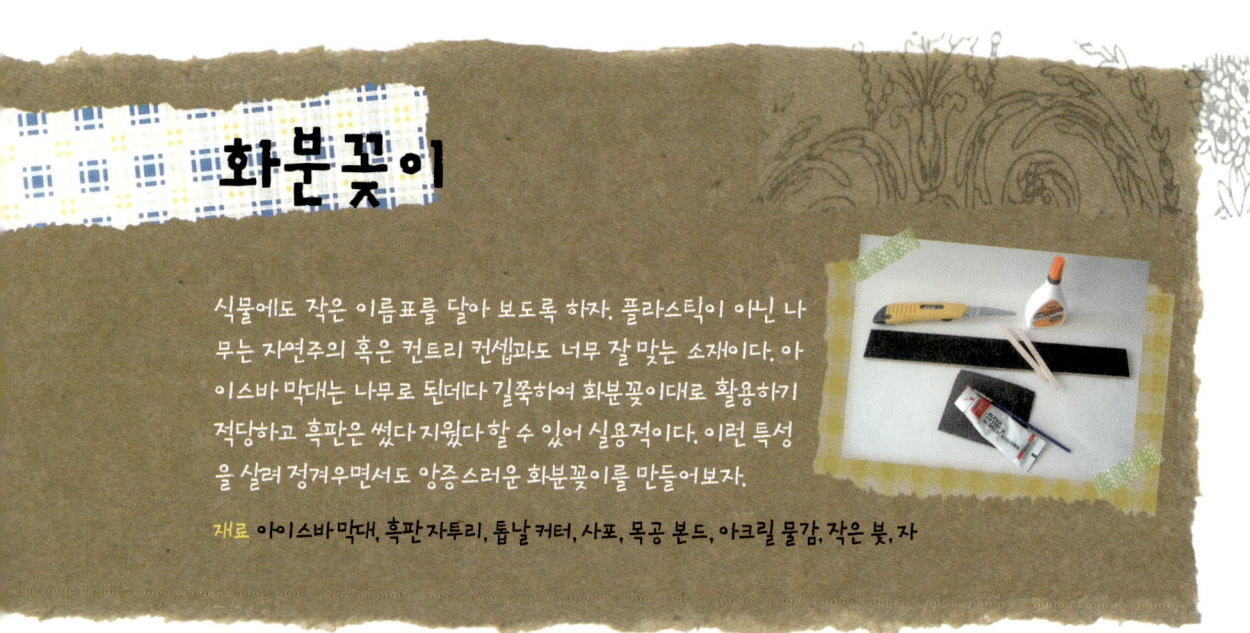

만드는 방법

 자투리 흑판을 적당한 크기로 자르고 각진 부분은 사포질을 하여 둥글린다.

 흑판 옆면에 톱날 커터 끝을 사용하여 조금씩 긁어내어 나무막대 폭 길이만큼 홈을 파낸다.

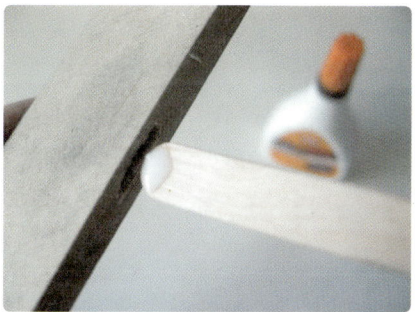

 홈 안에 본드를 바르고 아이스바막대를 끼운다. 흑판 두께가 얇을 경우엔 막대를 뒷면에 본드로 그냥 붙이면 된다.

4 아이스바 막대와 흑판 가장자리에 아크릴 물감을 칠하여 꾸민다. 막대 끝은 사포로 갈아 뾰족하게 만든다.

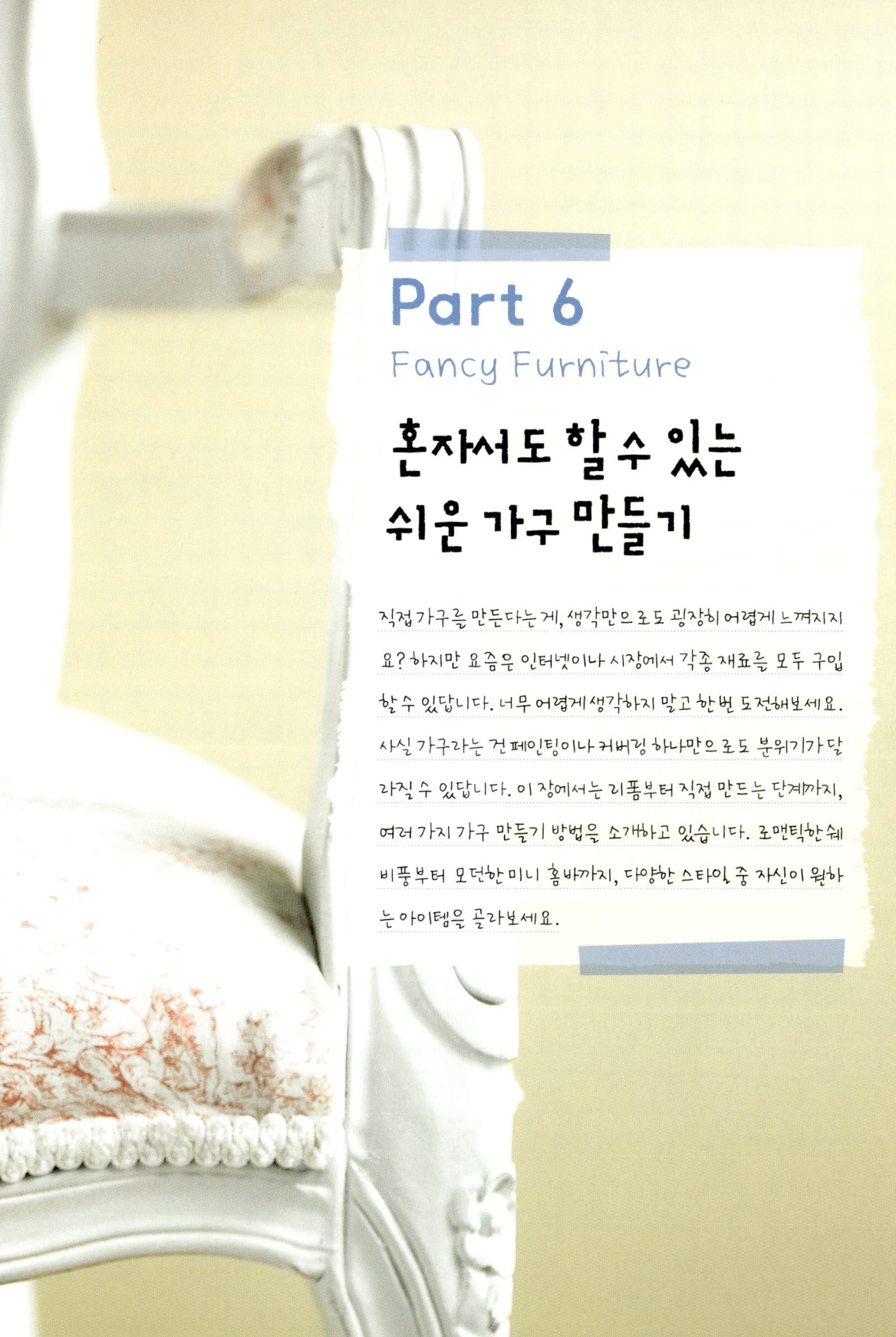

Part 6
Fancy Furniture

혼자서도 할 수 있는 쉬운 가구 만들기

직접 가구를 만든다는 게, 생각만으로도 굉장히 어렵게 느껴지지요? 하지만 요즘은 인터넷이나 시장에서 각종 재료를 모두 구입할 수 있답니다. 너무 어렵게 생각하지 말고 한번 도전해보세요. 사실 가구라는 건 페인팅이나 커버링 하나만으로도 분위기가 달라질 수 있답니다. 이 장에서는 리폼부터 직접 만드는 단계까지, 여러 가지 가구 만들기 방법을 소개하고 있습니다. 로맨틱한 쉐비풍부터 모던한 미니 홈바까지, 다양한 스타일 중 자신이 원하는 아이템을 골라보세요.

로맨틱 의자

화사한 색감의 고풍스러운 의자 하나만으로도 분위기가 아늑해질 수 있다. 새로 구입할필요 없이 낡은 의자 하나만 있다면 재료 고민 끝. 소파 한쪽 옆에 놓아두면 거실 분위기를 바꾸는 포인트가 될 테고, 리폼한 의자 두 개를 나란히 놓아도 멋스러울 것이다. 남은 원단으로 쿠션을 만들어 같이 코디한다면 금상첨화.

재료 낡은 의자, 페인팅 재료, 원단 2야드, 줄자, 타커, 송곳 또는 끌, 사포, 레이스 트림 또는 리본 약 5야드(사용 의자 기준), 쪽가위, 글루건, 솜 약간, 라이터

아이템 도면

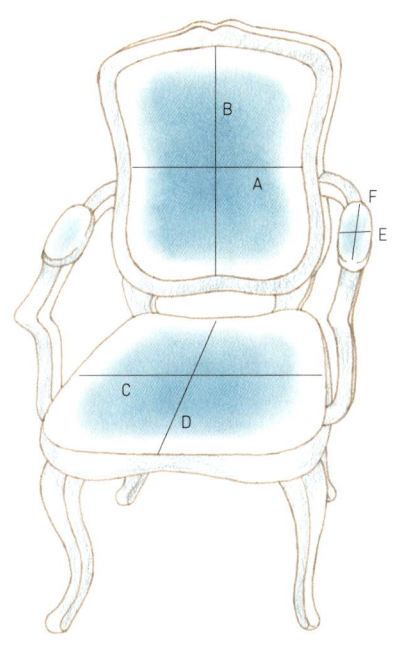

〈로맨틱 의자〉

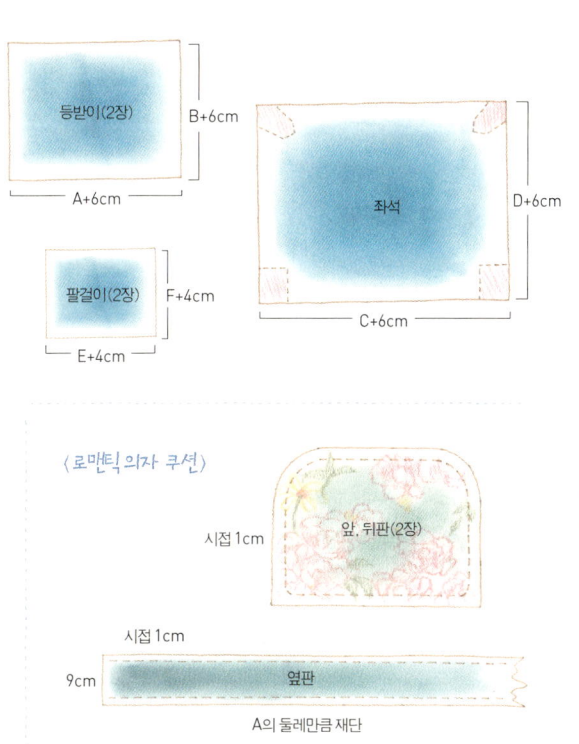

만드는 방법

 송곳이나 끌을 이용해서 의자에 원래 붙어있던 쇠줄장식(줄비오)을 모두 빼낸 후, 의자를 깨끗하게 다듬어놓는다.

2 원하는 색상으로 페인팅을 하고, 필요하다면 마감재도 발라준다. 완전히 건조될 때까지 기다린다. •사용제품: 아크릴 물감(흰색, 아쿠아색), 투명락카

 치수를 잰 다음 원단을 재단한다. 치수를 잴 때는 곡선으로 재고, 원단은 여유 있게 재단하도록 하자. 재단한 원단을 고정시킬 곳에 대어보고 잘맞는지 확인한다.

4 원단을 의자에 대고 타커로 고정시켜나간다. 고정시킬 때는 한곳에 타커를 박은 다음, 울지 않도록 반대편에서 원단을 잡아당기고, 다시 타커를 박아주는 식으로 해야 한다.

 팔걸이나 등받이가 연결되는 모서리 부분은 그림처럼 가위집을 낸 후, 납작한 도구를 이용하여 틈새로 원단을 집어넣는다.

 팔걸이 부분을 더욱 빵빵하게 하고 싶다면 솜을 더 넣어주면 된다. 의자 아래와 위의 원단을 타커로 박고, 솜을 꽉 채운 다음, 옆선을 죽 둘러 박는다.

 원단을 다 고정시키고 나면 불필요한 원단은 쪽가위로 깨끗하게 다듬어준다.

 레이스 트림 혹은 리본을 준비한 뒤, 끝을 라이터로 살짝 지져 올이 풀리지 않게 처리한다. 글루건을 이용해 의자 가장자리에 둘러 붙이면되는데, 이때 원단이 지저분하게 빠져나오지 않도록 주의한다.

Tip Box 의자 쿠션 만들기

재료 _원단, 바느질 재료, 솜, 싸개단추

앞에 소개한 그림처럼 원단을 재단한 다음, 앞판과 옆판은 먼저 겉면끼리 마주 대고 박은 후, 뒤판을 마저 박는다. 이때 뒤집을 수 있도록 창구멍을 하나 남긴다. 뒤집어서 모양을 가다듬고 솜을 빵빵하게 채운 후 창구멍을 막는다. 마지막으로 싸개단추를 달아준다.

미니소파

집안에 꼭 덩치가 큰 소파가 있어야만 되는 것은 아니다. 때에 따라서는 오히려 큰 소파가 불편할 수도 있다. 거실이 좁아 소파를 놓기 어렵다면, 굳이 커다란 소파를 고집할 필요 없이 장식성도 갖추면서 의자 구실을 할 수 있는 작은 소파를 놓아보자. 페인팅을 다르게 해서 아이방에 놓아도 잘 어울릴 것이다.

재료 판자, 높이 30cm의 목재 소파 다리 4개, 목재 레이스 몰딩 2개, 원단 6~7야드, 3cm 압축 스펀지 1장, 6cm 압축 스펀지 1장, 대형 꺾쇠 16개, 나사못, 대형 나사못 6개, 페인팅 재료, 싸개 단추

아이템 도면

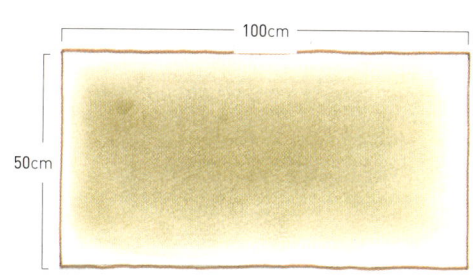

좌석용 판자 사이즈

나사구멍과 연결

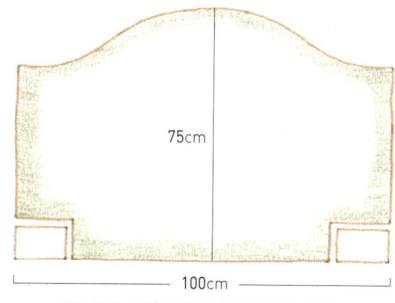

양옆 아랫부분을 잘라내고 이 부위에 다리 연결

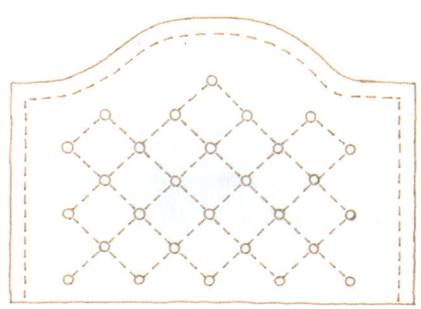

등을 대는 뒷판의 박음질선과 싸개단추 달기

만드는 방법

판자를 도안처럼 재단한다. 꺽쇠를 이용하여 다리와 판자를 연결한다. 다리 틀이 완성되면 좌석 부분이 될 판자 위에 다리 틀을 거꾸로 올려놓고 꺽쇠를 박아 고정시킨다..

목재 몰딩을 길이에 맞게 잘라 다리와 다리 사이의 판자에 목공 본드로 부착한다. 본드가 완전히 마를 때까지 시간이 걸리므로 건드리지 않고 기다리는 것이 좋다.

2가 완성되면 등받이가 될 판자를 긴 나사못으로 튼튼하게 고정시킨다. 안쪽에서도 꺽쇠를 박아주면 더 튼튼해진다. 나사못과 꺽쇠를 다 박아 틀을 완성하면 페인팅한다.

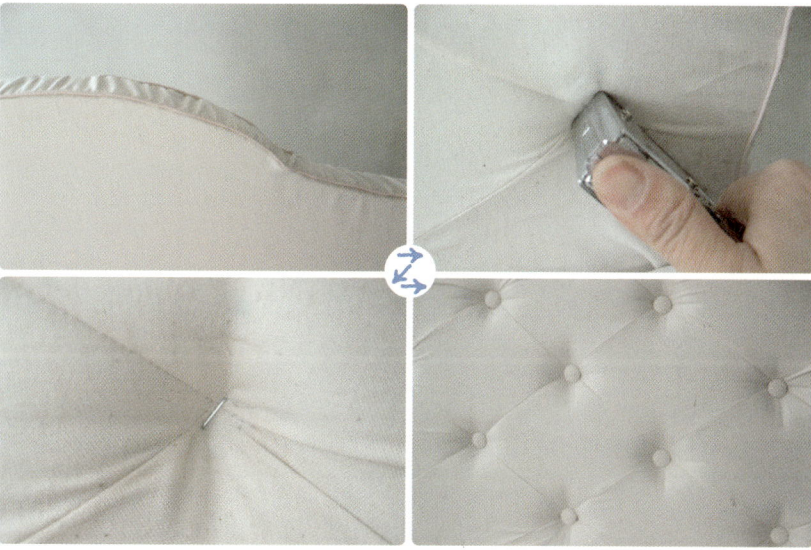

등받이와 같은 모양으로 원단과 스펀지를 재단한 다음, 스펀지를 등받이에 붙인다. 등받이 커버를 만들어 판자에 씌운다. 아랫부분과 싸개단추가 달릴 부분을 타커로 박아 고정한 다음, 심 위에 싸개단추를 단다.

좌석 부분이 될 스펀지에도 원단을 씌우고 글루건으로 원단을 고정한다.

 베드벤치

침대 발치에 놓아두면 이국적인 멋을 연출할 수 있는 베드벤치. 하나쯤 갖고는 싶었지만 아직 장만하지 못했다면, 판자와 가구다리를 이용해서 손수 만들어보자. 좌우 끝에 기다란 손잡이를 박아서 앤티크한 느낌을 살려보는 것은 어떨까. 베드벤치 위에 취침 전에 읽을 만한 책이나 방한용 담요를 올려놓으면 작은 테이블 기능을 겸한 훌륭한 소품이 될 것이다.

재료 판자, 높이 30cm의 목재 가구다리 4개, 특대형 금속 손잡이 2개, 페인팅 재료, 대형 꺽쇠 14개, 나사못, 드릴

아이템 도면

〈베드벤치〉

윗부분이 될 판자 사이즈

33cm × 100cm

〈베드벤치 원통쿠션〉

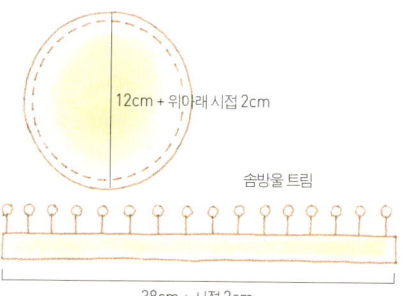

12cm + 위아래 시접 2cm

솜방울 트림

38cm + 시접 2cm

33cm + 시접 2cm × 38cm + 시접 2cm

만드는 방법

1. 윗부분이 될 판자 1개와 옆면이 될 판자가 4개 필요하다. 가로 82cm, 세로 8cm인 판자 2개와 가로 18cm, 세로 8cm인 판자 두 개를 준비한 다음, 왼쪽의 사진을 참조해서 꺽쇠를 박는다.

2. 꺽쇠를 이용하여 가구다리와 판자를 그림처럼 조립한다.

3. 계속해서 가구다리와 판자를 조립하여 네모난 틀을 만든다.

 틀이 완성되면 윗부분이 될 긴 판자 위에 뒤집어 올려놓고 꺽쇠로 연결한다. 꺽쇠를 촘촘히 박을수록 튼튼하게 고정시킬 수 있다.

5 손잡이 박을 위치를 미리 표시하고 박은 다음, 페인팅을 해서 건조시킨다. 페인팅을 할 때에는 뒤집어서 안쪽까지 꼼꼼하게 칠해야 더욱 깔끔하다. 만약 빈티지 느낌을 내고 싶다면 모서리 부분을 사포질하여 칠을 살짝 벗겨낸다.

> **Tip Box** 코디 원통 쿠션 만들기
> 재료_원단, 솜방울 트림, 바느질 재료, 솜
> 앞에 소개한 그림처럼 원단을 재단한다. 솜방울이 안쪽으로 향하도록 가장자리에 시침질을 해놓은 다음, 원형으로 재단할 부분을 양쪽 옆에 연결한다. 이때 솜방울이 실에 엉키지 않도록 주의한다. 옆선은 창구멍을 남기고 박은 후, 뒤집어서 솜을 채우고 창구멍을 막는다. 베드벤치 양 옆에 놓을 것이므로 2개 만든다.

미니 그릇장

부엌살림들을 감추기만 했던 옛날과 달리 최근에는 오픈 인테리어가 인기다. 감출 것은 감추되 보여주고 싶은 예쁜 살림살이들은 내놓고 싶은 주부의 심리가 담겨있는 게 아닐까. 그렇다고 새로 그릇장을 장만하기란 쉽지 않은 일. 집안의 낡은 소가구를 재활용해서 그릇장으로 사용하는 아이디어를 발휘해보자.

재료 키키 낮은 낡은 책장, 목재 레이스 몰딩 1개(상판용), 목재 구름 몰딩 1개(3칸 책장 기준), 페인팅 재료, 원단, 면 레이스, 둥근 목재 가구다리 4개, 볼데기 소켓너트와피스 각각 4개, 드릴, 목공 본드, 압정 2개, 망치, 톱날 커터

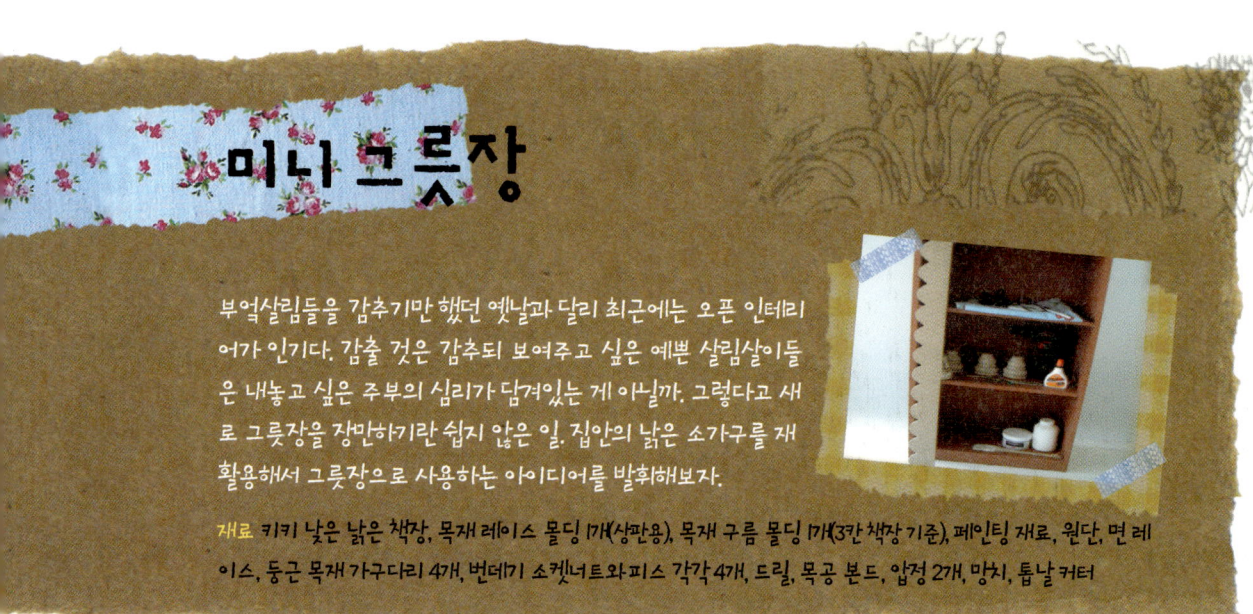

만드는 방법

1 소형 책장의 바닥에 다리를 연결할 곳을 표시한다. 그 다음 드릴로 구멍을 뚫어 나사로 다리를 박아 연결한다.

2 구름 모양의 레이스 몰딩을 크기에 맞게 재단해서 목공본드로 칸칸이 붙여준다.

3 원하는 색상으로 페인팅을 한다. 이때 책장 안쪽과 다리에도 꼼꼼하게 페인팅을 하자. 얇게 여러 번 칠을 해야 깨끗하다.

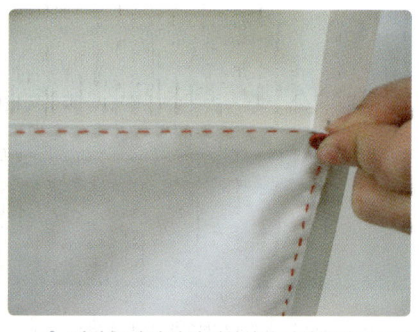

4 원단을 칸에 맞게 재단하여 시접을 안으로 넣어 위와 양옆을 박고, 아랫단에는 면 레이스를 박아준다. 양끝에 압정으로 고정시킨다.

홈바와 바 스툴

차가운 스틸에 강렬한 느낌의 원단을 더해 모던 감각의 홈바와 스툴을 만들어보자. 앵글은 자칫 투박하고 무거워 보일 수 있는 재료이지만 저렴하면서도 튼튼하고, 조립하기가 쉬워 실용적이다. 락카를 뿌려 자신의 취향에 맞는 색으로 바꿔주면 볼품없던 앵글도 훌륭한 DIY 재료가 된다.

재료 조립식 앵글(도안), 앵글용 볼트와 너트, 삼각판, 앵글 발, 락카(스툴 1개 기준 락카1~2통), 판자(도안), 판자 연결용 볼트와 너트, 두께 3센티미터의 압축 스펀지 1장, 원단 1야드, 티커, 글루건

아이템 도면

〈바〉 100cm, 45cm, 90cm

〈바스툴〉 30cm, 30cm, 55cm

102cm × 47cm

32cm × 32cm

만드는 방법

도안을 작성하거나 미리 정한 치수를 가지고 앵글 가게에 가면 길이에 맞춰 재단해주며 필요한 나사 개수도 알려준다. 조립은 볼트와 너트를 이용해서 꽉 조이도록 하자.

원하는 색상의 락카로 페인팅을 한다. 칼라가 입혀진 앵글도 시중에서 구할 수 있는데, 가격 차이가 있지만 페인팅 작업을 생략할 수 있으므로 필요에 따라 선택하면 된다.

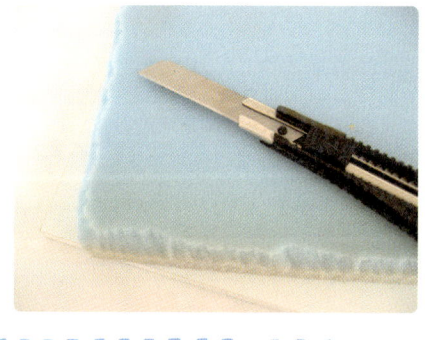

좌석 부분이 될 판자에 구멍 뚫을 곳을 표시하고 드릴로 구멍을 내어 볼트를 끼워 둔 채로, 3센티미터 두께의 스펀지를 판자에 맞춰 재단하여 붙인다. 스펀지는 커터를 길게 빼서 자르면 쉽게 자를 수 있고, 스펀지의 가장자리를 조금씩 깎아 둥글려주면 딱딱하게 각진 느낌을 피할 수 있다.

4 판자에 원단을 씌워 타커로 가장자리를 박아 고정시킨다. 모서리 부분은 똑 부러지게 접어 깔끔하게 처리한다.

5 4에서 만들어놓은 좌석 부분을 앵글과 연결하면 완성이다.

+1 플라스틱 마개

바(Bar)는 같은 방법으로 조립한 앵글 틀에 페인팅한 판자를 대어 박아주면 된다. 앵글 다리 끝 부분에 부속품인 플라스틱 마개를 씌우면 날카로운 앵글 절단면으로부터 바닥을 보호할 수 있으니 앵글을 구입할때 꼭 챙기도록 하자.

앤틱 장식장

요즘은 화려한 몰딩과 꽃무늬로 장식하고 살짝 벗겨진 듯 화이트 칠을 한 가구를 종종 볼 수 있다. 멀리서 찾을 필요 없이, 부피만 차지하는 천덕꾸러기 괘종시계로 멋진 장식장을 만들어보자. 괘종시계는 기본 틀이 예뻐 리폼하기 좋은 아이템. 선반을 새로 맞추고 철망을 달아 로맨틱한 소가구로 활용해보자.

재료 낡은 괘종시계 1개, 높이 15cm 금속 가구다리 4개, 철망 2야드, 원단 2야드, 앤티크 느낌의 금속 손잡이 1개, 페인팅 재료, ㄱ자 다보, 판자, 드릴, 타커, 레이스 트림, 고체풀, 글루건, 신문지, 시침핀

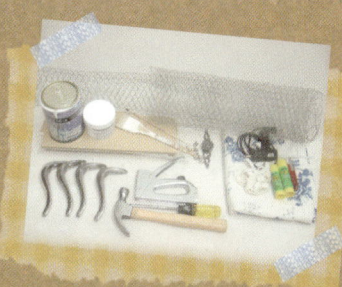

만드는 방법

 괘종시계의 부속품과 유리를 전부 떼어낸다. 나사를 이용해서 부품 하나하나를 떼어내야만 나중에 페인트칠을 했을 때 흠이 나지 않는다.

 젯소를 얇게 1~2번 발라준 후 건조되면 페인팅을 한다. 넓은 면은 큰 붓으로, 몰딩 부분은 작은 붓을 이용해서 얇게 여러 번 칠한다.

만드는 방법

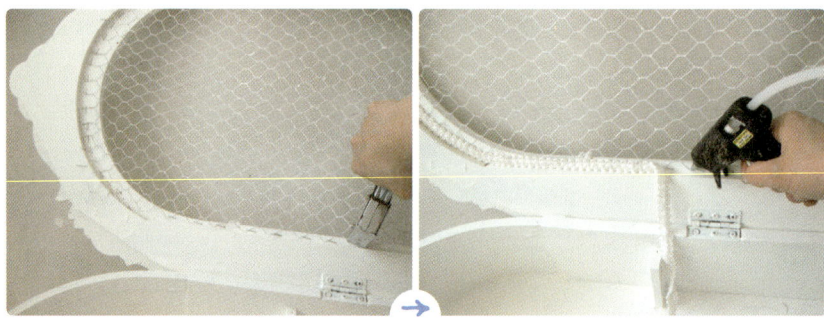

철망을 재단하여 원하는 색을 페인트로 칠한 후, 타커로 테두리를 박아 문에 달아준다. 타커 자국이 보이지 않도록 레이스트림을 글루건으로 붙여 마무리한다.

신문지를 이용해 상단의 곡선 부분의 본을 떠놓는다. 본을 이용하여 원단에 모양을 그리고 시접을 1cm 가량 남기고 재단한다. 곡선 부분의 시접은 가위집을 내주고 고체풀을 이용하여 꼼꼼하게 접어 붙인다.

5 고체풀을 넓게 펴 발라 시계 틀 안에 4를 붙인다.

6 크기에 맞게 재단된 판자들을 다보를 이용해 칸칸이 선반을 만든다.

7 앤틱 느낌이 나는 손잡이를 미리 준비하여 바깥쪽에 단다.

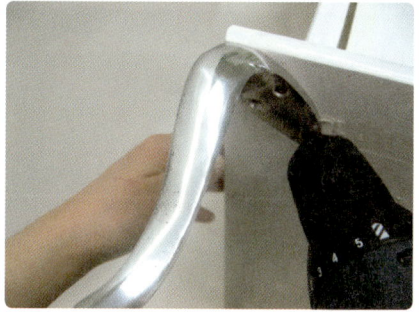

8 네 귀퉁이에 다리를 단다.

Fancy Furniture p.195

다기능 사이드 테이블

다리와 몸체가 분리되어 사용하지 않을 때 접어 보관할 수 있고 몸체만 쟁반으로 따로 사용할 수 있는 접이식 사이드 테이블. 시중에서 판매되는 이런 제품을 직접 만들어보자. 소파 옆에 놓고 손님 접대 시 간단한 다과를 차리거나 전화기를 놓는 협탁으로 이용할 수 있고 주방의 보조 탁자로도 사용할 수 있어 편리하다.

재료 튼튼한 나무 박스 1개, 못 쓰는 빨래함 다리 1개, 대형 손잡이 2개, 모자이크 데코타일, 페인팅 재료, 매직 톱 또는 톱날 커터, 타일용 백시멘트 1봉, 타일 줄눈용 백시멘트 1봉, 헤라 또는 플라스틱 주걱, 스펀지나 행주, 굵은 리본

만드는 방법

 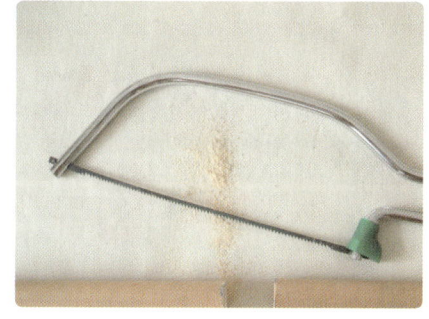

빨래함 다리를 분해하여 상자에 대보고 상자 밑바닥에 맞는 길이로 자른다. 빨래함 다리가 X자로 크로스 되어 있기 때문에 잘라야 할 길이가 각각 다르므로 주의하도록 한다.

상자에 손잡이 달 곳은 미리 표시해두고 드릴을 이용하여 달아준 다음, 원하는 색상으로 페인팅한 뒤 건조시킨다. 이때는 준비해놓은 빨래함 다리와 박스 모두 페인팅을 해야 하는데, 박스 안쪽 바닥은 타일을 붙일 곳이므로 칠을 하지 않아도 상관없다.

만드는 방법

타일을 박스 안쪽에 미리 놓아보고 거기에 맞춰 재단한다. 모자이크 타일은 그물망에 붙여 판매하기 때문에 원하는 크기로 쉽게 재단할 수가 있어 편리하다. 또한 시멘트에 붙일 때에도 타일 간격을 일일이 맞출 필요 없이 그물망 그대로 붙이면 된다.

타일용 시멘트를 물에 풀어 적당한 농도를 만든다(1.5kg 기준 약 380cc, 소프트 아이스크림 정도의 농도). 충분히 저어준 후, 헤라나 주걱을 이용해 박스 안쪽 바닥에 두께 5mm 정도로 넓게 펴 바르고 타일을 얹어서 꽉 눌러준다. 타일 사이로 나온 시멘트는 물에 적신 수건으로 닦아낸다.

완전히 건조되면(약 1일) 타일 겉에 묻은 시멘트 잔여를 닦아낸 다음, 줄눈용 백시멘트를 물에 풀어 (1.5kg 기준 약 400cc의 물, 소프트 아이스크림 정도의 농도) 타일 사이사이 움푹 팬 곳에 다시 발라주고, 건조되면 타일 표면에 묻은 시멘트를 젖은 수건으로 깨끗이 닦는다. 박스에 붙은 시멘트는 사포질을 하면 깨끗하게 정리할 수가 있다.

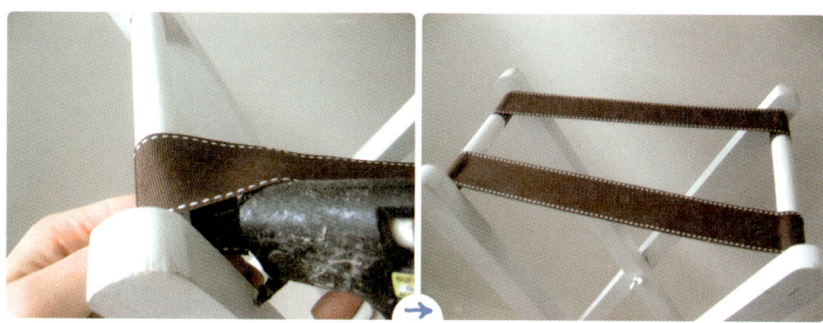

 굵고 단단한 리본테이프를 글루건으로 양쪽에 붙인다. 이 위에 쟁반을 얹어야 하므로, 튼튼하게 잘 고정시켜야 한다.

Tip Box 타일용 시멘트는 보수용과 줄눈용이 있는데 보수용은 주로 타일을 부착하는데 사용되고 줄눈용은 타일과 타일 사이의 패인 곳(줄눈)을 메우는데 사용된다. 성분이 거의 같으므로 보수용 시멘트로 줄눈을 메워도 크게 상관은 없으며, 시멘트 대신에 핸디코트나 타일 본드를 사용하여 타일을 붙여도 된다. 시멘트 사용 시 물의 농도를 잘못 조절하면 건조될 때 갈라지는 현상이 생기므로 농도 조절과 충분히 저어주는 것에 특히 주의해야 한다. 시멘트 반죽을 만들 때에는 버려도 되는 1회용 그릇을 사용하는 것이 좋고, 다 사용한 후 남은 반죽은 물에 씻지 않고 그릇 채로 건조시켜 그대로 버리는 것을 권한다. 대량의 시멘트 반죽을 물에 씻을 경우 수도관에 시멘트 잔여가 쌓여 막힐 수도 있기 때문이다. 보통 크기의 트레이를 1개 제작할 경우 시멘트는 1.5kg 1봉 기준 1/3~1/2봉지가 소요된다.

풋 스툴

안락의자 발치에 놓아 발을 올려놓는 용도로 쓰이는 풋 스툴. 로맨틱한 공간이 목표라면 이보다 더 간편한 악센트는 없을 것이다. 복잡한 바느질도 필요 없고 낡은 재료와 꽃무늬 원단만 있으면 OK인 초간단 풋 스툴을 만들어보자. 원단과 의자 다리를 달리 하면 아이용 의자로도 손색없는 아이템이다.

재료 낡은 의자에서 떼어낸 좌석 부분(원형 혹은 사각형 모두 상관없음), 꽃무늬 원단 1야드, 타커, 펠트지, 줄비오 1~2줄, 높이 15cm 금속 가구 다리 4개, 나사못, 접착제(분사식 접착제 또는 고체풀), 드릴, 망치, 쪽가위, 펜치

만드는 방법

의자에서 떼어낸 좌석 부분보다 10센티미터 정도 시접을 주고 원단을 동그랗게 재단한다.

재단된 원단 위에 좌석 부분을 뒤집어 올려놓고 원단을 팽팽하게 잡아당기면서 위-아래-양 옆 순서대로 타커를 박아준다.

만드는 방법

타커로 박은 사이사이를 같은 방법으로 위-아래-옆 순서로 빙 둘러 박아준다. 빈틈은 원단에 주름을 잡아 팽팽하게 만든 후에 타커로 박는다. 원단이 울지 않고 팽팽한지 확인하면서 박는다.

필요 없는 시접은 잘라내어 깨끗하게 마무리한다.

펠트지를 뒷면 원형에 맞게 재단한 후, 타커로 가장자리를 둘러 박는다.

Tip Box 좌석 부분과 학다리는 모두 입체적인 모양이므로 신축성 있는 원단을 사용하면 편리하다. 원단이 울지 않고 매끄럽게 마무리 하는데 주의할 것.

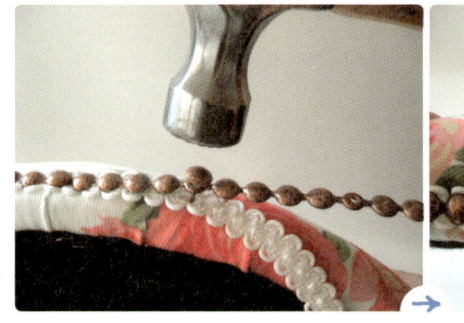

줄비오를 옆선에 둘러 망치를 이용해 전용 핀을 꽂아 박는다. 레이스 트림을 겹쳐 박아주면 더 로맨틱해 보인다.

금속 가구 다리를 충분히 감쌀 수 있을 정도로 원단을 재단하여 접착제를 뿌리고 원단이 울지 않도록 잡아당기면서 학다리에 붙인다. 붙일 때는 학다리 모양에 맞게 가위로 원단을 잘라줘야 한다.

드릴과 나사를 이용해 뒷면에 학다리를 모두 달아준다. 이때 학다리 다는 위치가 비뚤어지면 보기에 안 좋으므로 대칭이 되도록 주의한다.

앤틱 트레이

고풍스러운 트레이를 만들어보자. 크기가 너무 크거나 집안 분위기와 맞지 않아 사용하지 않는 액자가 있다면 트레이로 리폼하기 딱 알맞은 재료이다. 다과를 차릴 때 이용할 수 있음은 물론 화장대 위 물건들을 보기 좋게 디스플레이할 때 사용하면 센스만점. 액자의 스타일에 따라 다른 무늬의 원단을 이용해보자.

재료 큰 액자 틀(사각형이나 타원형도 상관 없음) 1개, 금속 손잡이 2개, 원단 약간, 펠트지 약간, 도화지 1장, 페인팅 재료, 고체풀, 나사, 드릴, 가위

만드는 방법

1 액자의 필요 없는 부속품을 떼어내고 손잡이를 달아준다. 액자마다 모양을 고려하여 손잡이를 달 위치를 정한다.

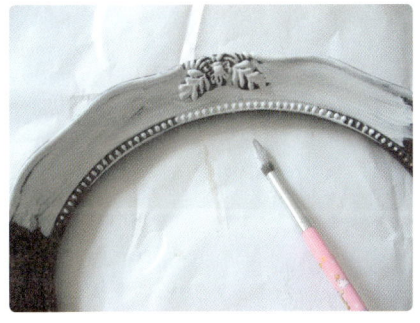

2 원하는 색상으로 페인팅을 한 다음 건조시킨다. 손잡이를 금속 색상으로 두고 싶으면 먼저 페인팅을 하고 난 후 손잡이를 달아준다.

3 액자의 유리를 도화지에 대고 모양을 그린 후 오려내고 여기에 고체풀로 원단을 붙인다.

4 원단 붙인 종이를 액자 틀에 끼운 다음, 펠트지를 잘라 뒷면에 붙인다.

파티션

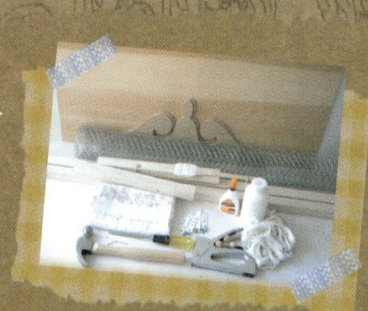

집안의 보기 싫은 구석을 가려주거나 공간을 분리시킬 때 요긴한 파티션. 파티션을 잘 이용하면 분위기를 한층 멋스럽게 바꿀 수 있다. 간단하게 활용할 수 있는 손쉬운 재료로 나만의 파티션을 만들어보자. 소파 주변에 장식용으로 놓거나 에어컨을 가리는 실용적인 용도로도 손색이 없다.

재료 각재와 얇은 합판(도안), 목재 레이스 몰딩 2개, 옷걸이용 목봉 4개, 원단 1야드, 철망 반 야드, 목공 본드, 페인팅 재료, 경첩 2개, 나사못, 못, 레이스 트림 3야드, 고체풀 또는 접착제, 보수용 메꿈제, 사포

아이템 도면

※ 각목 사이즈 3cm×3cm 기준

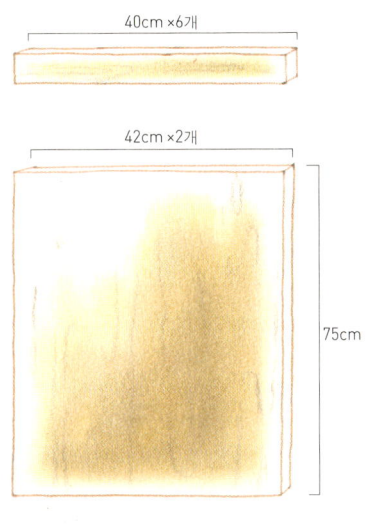

 **만드는 방법**

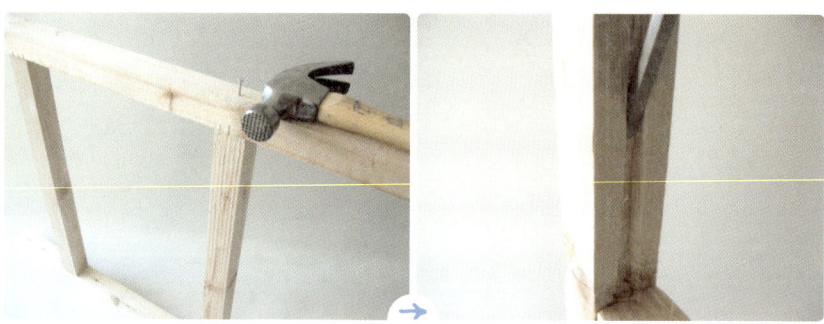

1. 도안과 같이 목재를 재단한 뒤 조립한다. 목공 풀을 면에 먼저 발라서 붙인 뒤, 못을 사용해서 바깥쪽에서 튼튼하게 박아주면 된다. 레이스 몰딩의 두께를 파악한 뒤 몰딩을 고정시킬 곳에 홈을 파준다.

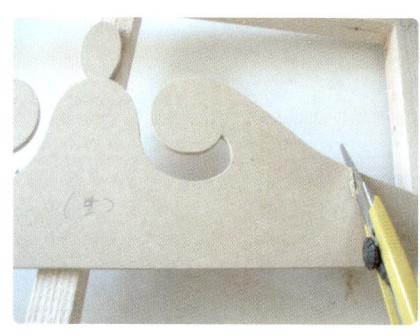

2. 몰딩을 길이에 맞게 자른다. 파 놓은 홈에 목공 본드를 골고루 바르고 레이스 몰딩을 끼워 고정시킨다. 홈을 팔 수 없는 경우엔 파티션 뒷면에서 타커로 박아 고정하는 방법도 있다.

3. 양쪽 기둥 윗부분에 목봉을 끼울 지점을 표시하고 드릴로 구멍을 뚫는다. 구멍의 지름은 목봉의 지름과 같아야 하므로 구멍 뚫기 전에 체크를 한다. 목봉을 고정시킬 때에는 목공 본드를 사용한다.

Tip Box 파티션 제작용 각재를 고를 때, 각재의 사이즈를 확인해야 한다. 너무 얇거나 두꺼운 것보다는 3센티미터 내외가 적당하며 뒤틀림이 없는 '라왕 심재'나 '집성목'을 고른다. 저렴한 것으로는 '다루끼'가 있으나 표면이 거칠고 뒤틀림이 있을 수 있다는 단점이 있다.

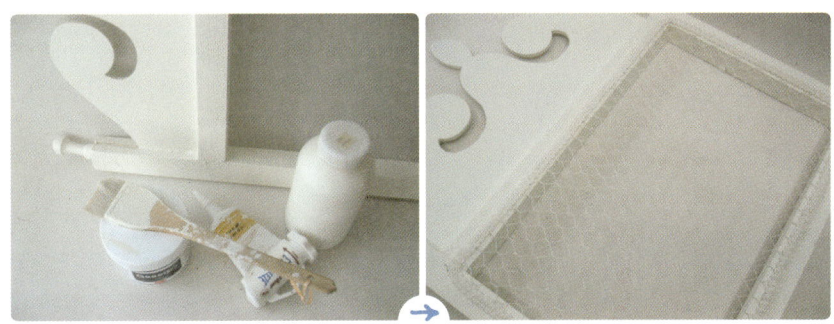

위와 같은 틀을 2개 만들어 양쪽을 각각 페인팅 한다. 만약 몰딩을 붙인 다음 딱 맞지 않고 틈이 보이는 곳에는 메꿈제를 발라 홈을 채운 뒤 페인팅을 해야 깨끗하다. 원단을 붙일 합판도 미리 페인팅을 해둔다. 창 크기에 맞게 철망을 재단하여 페인팅한 뒤, 타커로 붙인다. 글루건으로 레이스 트림을 철망 가장자리에 둘러 붙인다.

합판에 원단을 붙이고 타커를 이용해 틀에 고정시킨다.

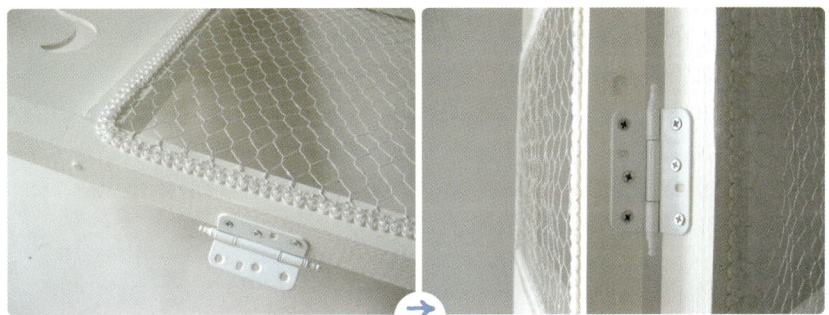

두 개의 틀을 경첩으로 서로 연결한다.

컨트리 장식장

특별히 리폼할만한 낡은 가구가 집에 없다면 나무 판자 몇 개만으로 멋진 장식장을 장만해보자. 적은 비용으로도 알뜰살뜰 살림을 마련하는 재미도 쏠쏠할 것이고, 오픈 인테리어의 멋스러움도 누릴 수 있다. 새것처럼 완벽하게 리폼하는 것보다는 낡은 듯한 멋을 살리는 것도 좋은 방법이다.

재료 캔버스틀(정식틀 10호), 판재, 5cm 금속 가구다리, 페인팅 재료, 못, 망치, 목공본드, 목재 레이스 몰딩 1개, ㄱ자 다보 4개, 경첩 2개, 외자석(빠찌링) 1~2개, 레이스 트림, 금속 손잡이 1개, 나사, 톱날 커터, 철망

만드는 방법

田자 캔버스틀에 맞춰 판재를 재단하되 경첩을 달았을 때 약간 여유가 있어야 문이 열리므로 5mm 정도 여유를 둔다. 위, 아래, 양옆, 뒤판, 선반이 필요하며 뒤판은 얇은 판자를 이용해도 된다. 직접 재단하기 어렵다면 가구DIY 전문점의 목재 재단 서비스를 이용한다. 못을 이용해서 위아래와 양옆을 연결한다.

네모난 틀이 만들어지면 뒤판을 갖다 대고, 타커를 박으면서 연결하여 상자 모양을 만들어놓는다.

만드는 방법

몰딩을 길이에 맞게 잘라 목공본드와 못으로 틀 윗부분에 고정시킨다. 못은 상자 안쪽에서 박으면 된다.

문짝이 될 캔버스틀과 몸체가 될 틀을 각각 같은 색 페인트로 색칠하고 건조시킨다. •사용제품: 홈스타 파스텔OK(소프트 아이보리)

문짝이 될 캔버스틀에 철망을 단다. 캔버스틀 안쪽에 철망을 갖다 대고, 타커를 박으면서 연결하면 된다.

이제 캔버스틀에 경첩을 단 다음, 몸체에 연결한다. 아래위 경첩이 평행으로 나란히 고정되어야 나중에 문이 비뚤어지지 않으므로 주의하도록 하고, 연결하기 전에 문이 잘 열리는 위치에 놓았는지 먼저 확인해야 한다.

일명 '빠찌링'이라고 하는 자석 잠금장치를 위치에 맞게 달아준다. 자석이 붙은 곳은 몸체에, 금속판은 문짝에 단다. 빠찌링은 보통 맨 위에 다는데 자석판은 문짝 두께만큼의 여유를 둔 안쪽에 부착한다. 자석과 맞닿는 위치를 표시해서 금속판을 달아주고, 경우에 따라서 빠찌링 2개를 아래 위에 각각 달아주기도 한다.

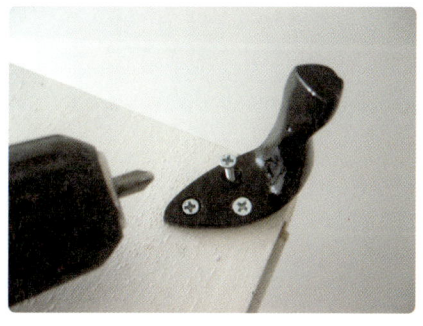

ㄱ자 모양 다보를 이용하여 선반을 달아주고, 다리와 손잡이를 달아 완성한다. 다리를 달 때에는 거꾸로 세워놓아야 하는데 몰딩이 다치지 않도록 의자에 걸쳐놓고 달면 된다.

벨벳화장대

벨벳 소재는 부드럽고 고급스러워서 무엇을 만들어도 품위가 있다. 또한 신축성이 있어 바느질 선이 비뚤어져도 티가 잘나지 않기 때문에 초보자들도 생각보다는 쉽게 다룰 수 있다. 이런 벨벳의 장점을 이용하여 부드러운 곡선의 화장대를 만들어보자. 과정은 복잡한듯 보이지만 생각보다는 손쉽게 만들수 있다.

재료 판재(도안), 높이 73cm의 목재 가구다리 4개, 3cm 압축 스펀지 2장, 6cm 압축 스펀지 1장, 벨벳원단 2야드 반, 줄비오 8줄, 대형 꺽쇠 8개, 나사못, 페인팅 재료, 바느질 재료, 싸개단추, 타커, 드릴, 못, 망치, 얇은 철사.

아이템 도면

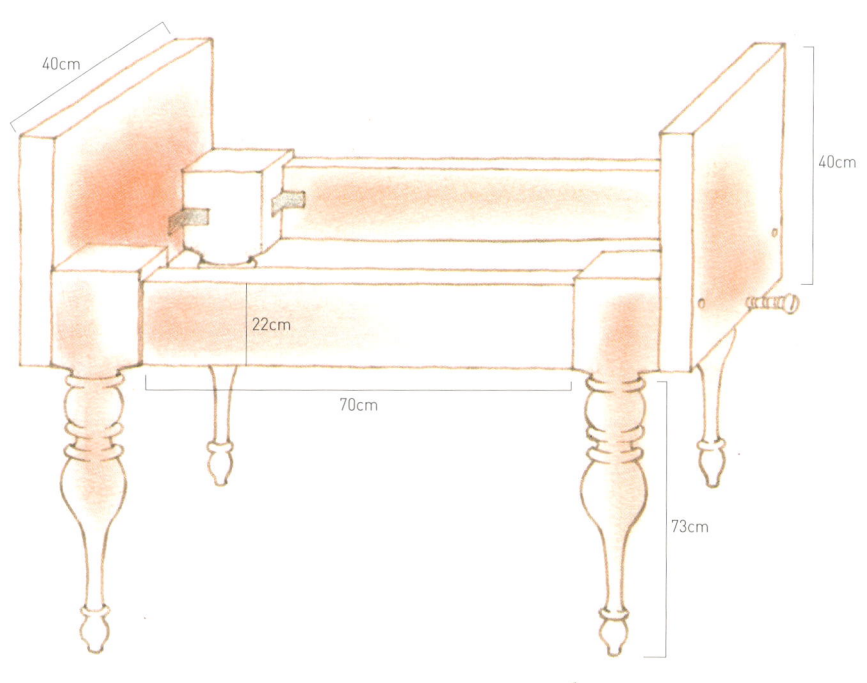

만드는 방법

 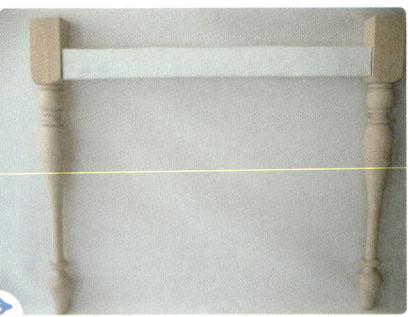

1. 꺽쇠를 이용하여 다리 틀이 될 판자들을 도안처럼 가구 다리와 연결한다.

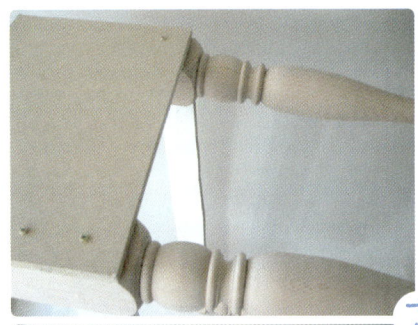 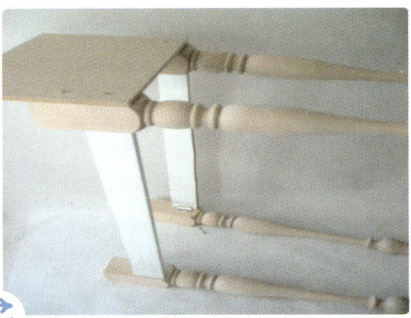

2. 옆 부분이 될 판자들을 다리와 연결한다. 안쪽에서 꺽쇠를 사용하여 연결한 다음, 겉에서 나사못으로 한 번 더 박아주면 된다.

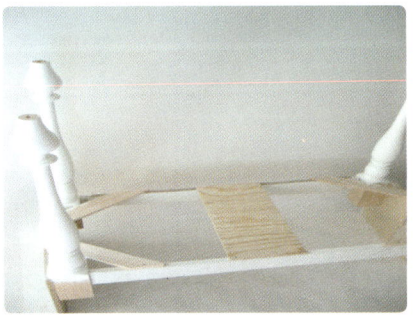

3. 가운데가 텅 비어있는 다리 틀이 완성되면 이것을 뒤집어 페인팅하고, 패널이나 판자를 이용하여 비어 있는 곳에 판을 덧댄다. 이 아래 판은 하중을 견뎌내야 하는 곳이므로 튼튼하게 고정하는 것이 중요한다.

틀이 완성되면 두꺼운 스펀지를 틀 안쪽에 딱 맞도록 네 귀퉁이를 잘라내어 끼운다. 이때 너무 헐렁한 것보다는 빈틈없이 꽉 차도록 주의한다.

얇은 스펀지를 화장대 폭에 맞춰 길게 재단한 후, 옆쪽 판의 겉 아랫부분부터 타커로 박고 작은 스펀지 조각을 안쪽에 대어 볼륨을 살린다.

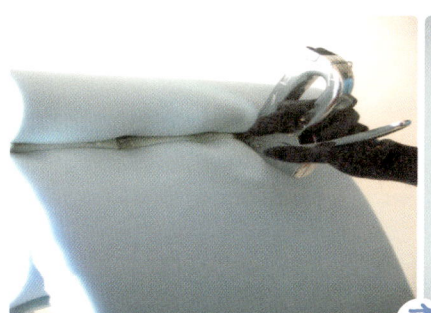

같은 폭의 얇은 스펀지를 화장대 옆 판 윗부분에 타커로 고정시킨다. 이때 스펀지가 아래를 향하도록 놓은 상태에서 박아야 둥글렸을 때 예쁜 곡선이 나오므로 주의한다. 스펀지를 2장 겹쳐서 타커로 박을 경우에는 잘 고정되지 않는 경우가 있다. 이때에는 타커를 위로 향하도록 잡고 스펀지를 최대한 눌러가면서 박으면 도움이 된다.

만드는 방법

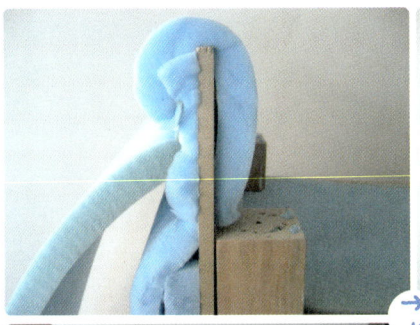
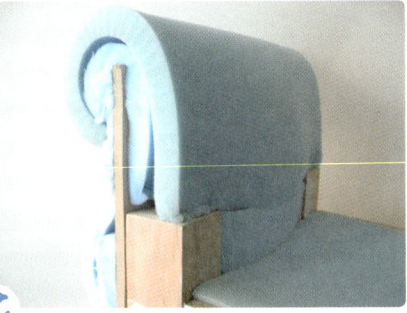
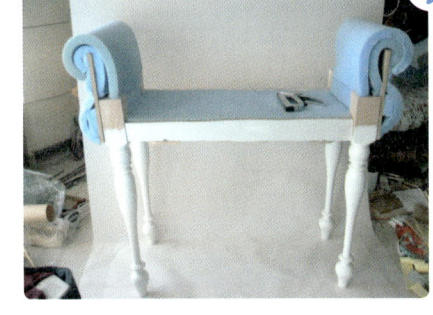

6의 스펀지를 위로 올려 나무판을 한 번 감싼 후, 판 안쪽에서 길이에 맞게 잘라 타커로 박는다. 마찬가지 요령으로 한 번 더 둘러 볼륨을 살린다. 빈곳은 남은 스펀지로 메운다.

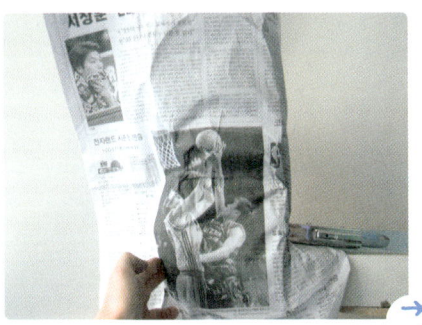

옆의 곡선 부분은 신문지를 이용해 본을 뜬다. 신문지는 얇아서 모양이 잘 잡히는 장점이 있다. 오려낸 본을 원단에 대고 좌우 방향 각각 2개씩 그린 다음 시접을 남겨 재단한다.

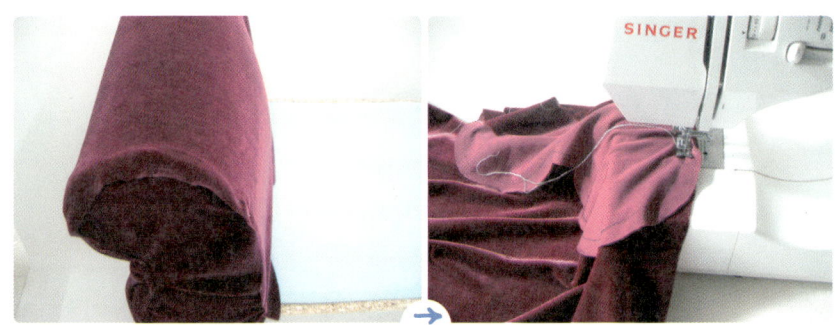

8의 원단들을 나머지 원단과 이어준다. 이때 처음 이어지는 부분을 옷핀으로 표시한 후, 재봉틀로 박아주면 쉽다. 벨벳 원단은 신축성이 있기 때문에 너무 헐렁한 것보다는 바느질 선 약간 안쪽으로 박아 딱 맞게 커버를 만드는 것이 예쁘다.

양옆 부분의 커버가 완성되면 틀에 끼우고 가운데 판에 씌울 원단과 이어준다.

가운데 판에 씌우는 원단의 아랫단은 화장대를 뒤집어 타커로 박는다. 이때 원단의 신축성을 이용하여 팽팽히 잡아당기면서 박아야 예쁘다.

만드는 방법

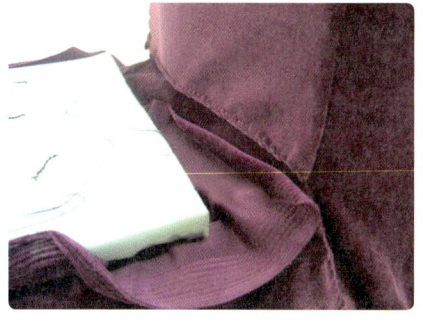

12 양옆에 덧댈 얇은 스펀지를 재단한다. 길이는 화장대 안쪽부터 시작해서 둥근 곡선이 끝나는 선까지가 적당하다. 스펀지의 가장자리를 깎아 놓는다.

13 12의 스펀지에 씌울 원단을 재단하고 원단 안쪽 면에서 다이아몬드 모양으로 그림을 그려 선대로 박는다. 그려 넣은 선 모양대로 접어 2mm 정도로 박는 것이 요령이다.

14 스펀지에 원단을 씌워 글루건으로 옆을 고정하고, 싸개 단추를 만들어 다이아몬드의 교차점마다 달아 놓는다. 단추는 얇은 철사를 이용해 달고 스펀지 뒷쪽에서 매듭짓는다. 매듭이 풀리지 않도록 나무 젓가락 조각을 버팀목으로 끼워 넣는다.

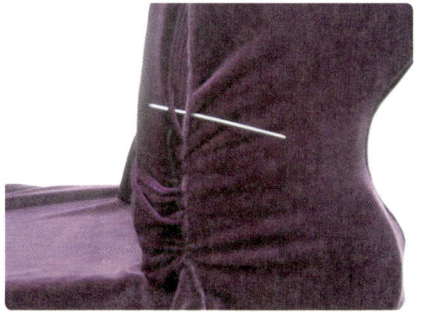

15 단추를 전부 달고 나면 스펀지 뒷면에 접착제(글루건 또는 목공본드)를 바르고 붙인 후, 스펀지 아래부터 화장대에 바느질하여 고정한다.

16 옆 부분도 감침질로 꿰맨다.

17 줄비오를 박는다. 나무에 박히는 곳은 망치를 사용하고, 스펀지에 박히는 곳은 글루건을 사용하여 붙인다. 곡선 부분은 줄비오를 손으로 조금씩 휘어가면서 모양을 잡아주면 되는데, 한번에 꺾으면 망가질 수 있으므로 조심한다. 줄비오는 장식기능도 있으면서 바느질한 곳을 가려주는 역할을 한다.

쇼핑가이드 Shopping Guide

손잡이
손잡이닷컴 http://www.sonjabee.com
손잡이나라 http://www.sjbnara.com
경양손잡이 http://www.handle114.co.kr

목재, 가구부속
툴크래프트 http://toolcraft.co.kr
철천지 http://www.77g.com
마이드림 하우스 http://mydreamhouse.co.kr
THE DIY http://www.thediy.co.kr

몰딩
빅허그 http://www.bighug.co.kr
바우엔홈 http://www.bauenhome.com
커즈미 http://www.cozme.co.kr

원단및 부자재
동대문 종합상가 2~4층_원단, 지하~1층_부자재
천나라닷컴 http://1000nara.com
레이스나라 http://www.lacenara.co.kr
천공구 http://www.1000-09.com
헬로우천 http://www.hello1000.com
천싸요 http://www.1004yo.com
싸다천 http://ssada1000.com

리본및 트림류
동대문 종합상가 5층
슈앤코코 http://www.sueribbon.co.kr
레이스천 http://www.lace1000.com/

흑판
강경숙의 로맨틱 흑판
http://www.romantic-board.com

페인트
쿨칼라 http://coolcolor.co.kr

시트지
굳싱크 http://www.good-think.co.kr

와이어및 비즈
동대문 종합상가 B동 5층

조화
고속터미널 종합상가
에브리원 플라워 http://www.everyone.co.kr

공예용 목제품 반제품
대산공예 http://www.daesanart.co.kr
핸즈하우스 http://www.handshouse.co.kr

캔버스틀
알파문구센타(동네별 지점)
http://www.alpha.co.kr
한가람 문구(서울 고속 터미널 지하상가 내)
http://www.ihangaram.co.kr/
이레화방 http://www.irehb.co.kr

데코타일
타일 스토리 http://tilestory.com

앵글
동명앵글(서울 을지로 4가)
http://www.dm-angle.com